Spaß an der Arbeit trotz Chef

Rainer Sachse
Annelen Collatz

Spaß an der Arbeit trotz Chef

Persönlichkeitsstile verstehen, Kommunikation erfolgreich
und gesund mitgestalten

 Springer

Rainer Sachse
Inst. Psychologische Psychotherapie
Bochum

Annelen Collatz
Bochum

ISBN 978-3-662-46750-3
DOI 10.1007/978-3-662-46751-0

ISBN 978-3-662-46751-0 (eBook)

Die Deutsche Nationalbibliothek verzeichnet diese Publikation in der Deutschen Nationalbibliografie; detaillierte bibliografische Daten sind im Internet über ▶ http://dnb.d-nb.de abrufbar.

Umschlaggestaltung: deblik Berlin
Fotonachweis Umschlag: © Syda Productions / fotolia.com
Satz: Crest Premedia Solutions (P) Ltd., Pune, India

Gedruckt auf säurefreiem und chlorfrei gebleichtem Papier

Springer-Verlag ist Teil der Fachverlagsgruppe Springer Science+Business Media
www.springer.com

Vorwort

Jeder Mensch weist seinen ganz eigenen Persönlichkeitsstil auf, dieser ist ein unverwechselbares individuelles Merkmal – er macht seine Person aus, seine Attraktivität, seine Identität. Je nach Ausprägung des Persönlichkeitsstils ist jemand charmant, umgänglich, interessant oder aber eher schwierig, in der Interaktion problematisch und schwer zu »handhaben«.

Arbeitet man mit einer Chefin oder einem Chef mit einem ausgeprägten Persönlichkeitsstil zusammen, kann dies zu einer nicht zu unterschätzenden Herausforderung werden.

Dieses Buch beschreibt, welchen Persönlichkeitsstilen man bei Vorgesetzten häufig begegnet, wie diese sich auswirken, wie man diese Stile erkennen und verstehen kann und wie man konstruktiv mit ihnen umgeht. Wir hoffen, dass es Ihnen mithilfe der hier dargestellten Informationen und Erläuterungen künftig besser gelingt, mit den »Ecken und Kanten« Ihrer Vorgesetzten zurechtzukommen und dass die Zusammenarbeit dadurch angenehmer und reibungsfreier verläuft.

Wir danken den Mitarbeiterinnen des Springer Verlages für die professionelle Begleitung des Buches, insbesondere Monika Radecki, Sigrid Janke und Barbara Buchter (Lektorat).

Rainer Sachse
Annelen Collatz
Bochum/Essen im Mai 2015

Die Autoren

Dr. Annelen Collatz ist Diplom-Psychologin und ausgebildeter Coach. Sie entwickelte das klärungsorientierte Coaching mit Prof. Dr. Rainer Sachse zusammen. Arbeitsschwerpunkte: Coaching von Führungskräften und Topmanagern. Ihr Kernthema ist dabei die Entwicklung von Persönlichkeit. Sie publizierte über Persönlichkeit von Topmanagern und verfasste Bücher über Work-Life-Balance, das Klärungsorientierte Coaching und zur Frage, wie man seine Karriere ruiniert. Sie verfügt über ein breites wissenschaftliches und praktisches Wissen zum Thema Manager.

Prof. Dr. Rainer Sachse ist Psychologischer Psychotherapeut, Begründer der »Klärungsorientierten Psychotherapie« und Leiter des Instituts für Psychologische Psychotherapie (IPP) in Bochum; seine Arbeitsschwerpunkte sind Persönlichkeitsstile und Persönlichkeitsstörungen. Er hat zahlreiche Bücher über Psychotherapie und Persönlichkeitsstörungen verfasst, darunter einige satirische Ratgeber, wie man seine Beziehung, seine Karriere und sein Leben ruiniert; Rainer Sachse macht komplexe psychologische Sachverhalte allgemein verständlich und stellt sie humorvoll und einfühlsam dar.

Inhaltsverzeichnis

           Rainer Sachse, Annelen Collatz

Serviceteil

Was sind Persönlichkeitsstile?

Rainer Sachse, Annelen Collatz

R. Sachse, A. Collatz, *Spaß an der Arbeit trotz Chef*,
DOI 10.1007/978-3-662-46751-0_1, © Springer-Verlag Berlin Heidelberg 2015

In diesem Kapitel möchten wir definieren, was man unter »Persönlichkeitsstilen« versteht: Es werden die Charakteristika von Persönlichkeitsstilen wie Schemata, manipulative Strategien und weitere psychologische Aspekte herausgearbeitet.

1.1   Persönlichkeit und Persönlichkeitsstile

Man kann »Persönlichkeit« in sehr unterschiedlicher Weise definieren: Es können zum einen allgemeine »Eigenschaften« benannt werden wie »Offenheit für Erfahrungen«, »Neurotizismus« u. a. In diesem Fall umfasst »Persönlichkeit« sehr allgemeine Charakteristika von Personen.

Persönlichkeitsstile

Es lassen sich aber auch »Persönlichkeitsstile« definieren: In diesem Fall bestimmt man sehr viel spezifischer, welche Annahmen eine Person hat, wie sie Situationen interpretiert, auf was sie positiv oder negativ reagiert; man zeigt auf, welche Ziele sie hat, welche »inneren Vorschriften« bei ihr bestehen und welche Handlungsstrategien sie verfolgt.

Dieser Ansatz ist besser geeignet, Personen zu verstehen und sich auf andere einzustellen, daher wollen wir ihn im Weiteren zugrunde legen.

Persönlichkeitsstile sind dabei überdauernde, stabile Charakteristika von Personen: Hat man einmal einen bestimmten Persönlichkeitsstil entwickelt, dann ändert man ihn nicht mehr stark, man behält ihn über lange Zeit bei.

Ein Stil ist dabei auch durch bestimmte Arten von Annahmen über sich, über Beziehungen und die Realität, durch Ziele und Normen (Vorschriften für sich selbst), durch Erwartungen an andere und durch bestimmte Strategien gekennzeichnet, wie man mit Interaktionspartnern umgeht.

Ein Stil kann sehr »leicht ausgeprägt« sein: In diesem Fall weist man die entsprechenden Charakteristika nur in »milder Form« auf. Ein Stil kann jedoch auch stark ausgeprägt sein: Dann bestimmen die entsprechenden Charakteristika das Denken und Handeln der Person in hohem Maße.

Persönlichkeitsstörung

Sind die Charakteristika sehr stark ausgeprägt, kann man von »Persönlichkeitsstörung« sprechen: In diesem Fall führen die Handlungen der Person dazu, dass sie anderen und sich selbst in hohem Maße »Kosten« bereitet: Probleme in der Interaktion, Probleme in Beziehungen, Probleme mit der eigenen Gesundheit, ein hohes Maß an Unzufriedenheit etc.

1.2 Was kennzeichnet Persönlichkeitsstile?

Persönlichkeitsstile werden durch bestimmte psychologische Konzepte charakterisiert:
- durch bestimmte Beziehungsmotive,
- durch bestimmte Arten von Schemata,
- durch bestimmte manipulative Strategien,
- durch weitere psychologische Charakteristika.

1.2.1 Beziehungsmotive

Jeder Mensch weist bestimmte sogenannte »Beziehungsmotive« auf: Dies bedeutet, dass ihm in Beziehungen bestimmte Aspekte besonders wichtig sind. Er will bestimmte Arten von Feedback über seine Person und er möchte, dass Interaktionspartner mit ihm in bestimmter Weise umgehen (und in bestimmter Weise nicht mit ihm umgehen).

Man kann sechs zentrale Beziehungsmotive unterscheiden:

Beziehungsmotive

- Anerkennung
- Wichtigkeit
- Verlässlichkeit
- Solidarität
- Autonomie
- Grenzen/Territorialität

Weist eine Person als zentrales Motiv **Anerkennung** auf, dann möchte sie von Bezugspersonen oder Interaktionspartnern positives Feedback über die eigene Person erhalten: Sie möchte hören, dass sie o.k. ist, dass sie liebenswert ist, dass sie als Person positive Eigenschaften aufweist. Sie möchte u. U. speziell hören, dass sie intelligent ist, kompetent, leistungsfähig, erfolgreich; und/oder, dass sie gut aussieht, eine besondere Ausstrahlung hat etc.

Anerkennung

Zeigt eine Person ein zentrales Motiv **Wichtigkeit**, dann will sie ein Feedback darüber haben, dass sie im Leben des Interaktionspartners eine wichtige Rolle spielt; sie möchte Informationen über ihre persönliche Bedeutung für andere. Sie wünscht sich dann Rückmeldungen der Art:

Wichtigkeit

- Ich möchte mit dir zusammen sein.
- Ich vermisse dich.
- Du bist eine Bereicherung für mein Leben etc.

In konkreten Situationen möchte sie:
- Aufmerksamkeit,

- gehört und wahrgenommen werden,
- respektiert werden,
- ernst genommen werden etc.

Verlässlichkeit

Das Motiv der **Verlässlichkeit** bedeutet, dass eine Person von einem Interaktionspartner ein Feedback darüber bekommen möchte, dass die Beziehung zu dieser Person stabil, beständig, überdauernd und belastbar ist.

Die Person möchte Informationen der Art erhalten:
- Du kannst dich auf die Beziehung verlassen.
- Die Beziehung bleibt stabil.
- Konflikte stellen die Beziehung nicht infrage etc.

Solidarität

Der Wunsch nach **Solidarität** bedeutet, dass die Person von einem Interaktionspartner Feedback darüber bekommen möchte, dass dieser der Person zur Seite steht und sie unterstützen wird, wenn sie dies benötigt.

Die Person möchte Informationen darüber, dass der Partner
- sich um sie kümmert, wenn es ihr schlecht geht;
- sie unterstützt, wenn sie Hilfe braucht;
- sie verteidigt, wenn sie angegriffen wird;
- sie tröstet, wenn sie traurig ist etc.

Autonomie

Steht das Motiv **Autonomie** im Vordergrund, bedeutet dies, dass die Person von einem Interaktionspartner das Feedback bekommen möchte, dass sie auch innerhalb einer Beziehung Bereiche definieren kann, in denen sie eigene Entscheidungen treffen darf, die dann vom Partner akzeptiert werden.

Die Person will z. B. eigene Entscheidungen darüber fällen,
- zu wem sie Freundschaften unterhält;
- wofür sie ihr Geld ausgibt;
- was sie anzieht;
- wie sie einen Teil ihrer Zeit gestaltet.

Autonomie bedeutet eine Selbstbestimmung, die es erlaubt, eigene Entscheidungen zu treffen und damit »das Leben von Freiheitsgraden«.

Grenzen/Territorialität

Das Motiv der **Grenzen/Territorialität** bedeutet, dass man in einer Interaktion das Recht hat, eine eigene Domäne zu definieren, die durch Grenzen bestimmt wird, und dass man selbst bestimmen darf, wer die Grenzen überschreiten und wer innerhalb des Territoriums was darf.

Die beiden Aspekte »Grenze« und »Territorium« können hierbei von unterschiedlich großer Bedeutung sein:

— Eine Person hat insbesondere den Aspekt der Grenze im Fokus: Es kann ihr wichtig sein, dass andere Grenzen respektieren und nicht unerlaubt über Grenzen gehen (wobei das Territorium nebensächlich ist).

— Eine Person hat den Aspekt des Territoriums im Fokus: Sie will nicht, dass jemand etwas innerhalb ihrer Domäne macht, etwas mitbekommt, etwas verändert, sich darin aufhält u. a. (wobei der Aspekt der Grenze nebensächlich ist).

Eine Person mit diesem Motiv möchte Botschaften wie:

— Ich respektiere deine Grenzen.
— Ich überschreite deine Grenze nur mit Erlaubnis.
— Ich gehe sorgsam mit deinem Territorium um.
— Ich mache auf deinem Territorium nur etwas mit deiner Erlaubnis o. Ä.

1.2.2 Schemata

Jeder Mensch lernt in seiner Biografie bestimmte Annahmen, z. B. Annahmen über sich selbst, aus denen ein Netz oder »System« von Annahmen entsteht. So kann eine Person z. B. von sich selbst glauben:

— Ich bin o.k.
— Ich bin liebenswert.
— Ich bin kompetent.
— Ich bin intelligent.

Ein Netz aus solchen zusammenhängenden Annahmen bezeichnet man in der Psychologie als Schema.

Ein Schema weist jedoch nicht nur bestimmte Annahmen auf, es umfasst auch bestimmte psychologische Funktionscharakteristika:

Funktion von Schemata

— Ein Schema wird durch auslösende Situationen automatisch aktiviert. Hat eine Person ein negatives Schema über sich selbst, dann wird dieses z. B. durch Leistungssituationen aktiviert. Dazu gehören Annahmen wie
  — Ich bin nicht o.k.
  — Ich bin nicht kompetent.
  — Ich bin nicht intelligent.
  — Ich schaffe schwierige Aufgaben nicht.
— Ist ein Schema einmal aktiviert, dann beeinflusst es die weitere Informationsverarbeitung: Im oben beschriebenen negativen Schema denkt die Person in und über die Leistungs-

situation z. B.: »Ich werde es nicht schaffen; ich werde mich blamieren; ich sollte die Situation lieber verlassen«.

— Das Schema führt daher zu einer verzerrten und »voreingenommenen« Interpretation der Situation; ist das Schema negativ, dann veranlasst es die Person zu ungünstigen Handlungen (aufgeben, Flucht etc.) und ungünstigen Emotionen (Unsicherheit, Angst etc.), wodurch der Person (massive) Kosten entstehen.

— Ist das Schema aktiviert, dann »glaubt die Person dem Schema« und ist kaum noch zugänglich für rationale, realistische Interpretationen und Fakten; sie kann sich dann kaum »gegen das Schema wehren«.

— Reagiert das Schema schnell und stark, dann bestehen »hyper-allergische Schemata«. In diesem Fall können leichte, eher unscheinbare Stimuli zu massiven Reaktionen führen: Hat jemand ein negatives Schema über seine Kompetenz, kann schon eine ganz leichte Kritik das Schema aktivieren (»triggern«) und dann massive Gefühle der Kränkung auslösen.

Arten von Schemata

Es können vier Arten von Schemata unterschieden werden:
— Selbst-Schemata
— Beziehungsschemata
— Norm-Schemata
— Regel-Schemata

Selbst-Schemata

Selbst-Schemata sind solche, die Annahmen der Person über sich selbst enthalten, wie z. B.:
— Ich bin nicht o.k.
— Ich bin ein Versager.

Oder positive Annahmen wie:
— Ich bin intelligent.
— Ich bin leistungsfähig.

Die Aussagen haben hier immer die Form »Ich bin …, ich bin nicht …« oder »Ich kann …, ich kann nicht …«.

Beziehungsschemata

Beziehungsschemata sind solche, die Annahmen der Person über Beziehungen enthalten, also Annahmen darüber, wie Beziehungen funktionieren oder darüber, was man in Beziehungen zu erwarten hat, z. B.:
— In Beziehungen wird man kritisiert.
— Beziehungen sind nicht verlässlich.

Diese Schemata enthalten damit Aussagen der Form »Beziehungen sind …/sind nicht …« bzw. »In Beziehungen wird man …/ wird man nicht …«.

Normative Schemata enthalten Aussagen darüber, wie die Person sein sollte oder sein muss oder was die Person tun darf oder nicht tun darf, z. B.:

- Sei erfolgreich.
- Sei der Beste.
- Mache keine Fehler.
- Vermeide Blamagen.

Diese Schemata enthalten damit immer Imperative.

Regel-Schemata enthalten Erwartungen der Person an Interaktionspartner: Sie enthalten damit Vorschriften darüber, wie sich diese zu verhalten haben, was sie tun sollen und was nicht, z. B.:

- Man hat mich respektvoll zu behandeln.
- Man hat mich nicht zu behindern.
- Man hat mir zuzuhören.

Norm-Schemata

Regel-Schemata

1.2.3 Manipulative Strategien

Manipulative Strategien sind solche Handlungsstrategien, mit deren Hilfe man erreicht, dass Interaktionspartner etwas (für einen) tun, was sie eigentlich nicht tun wollen: Man bringt sie dazu, einem Aufmerksamkeit zu schenken, obwohl sie etwas anderes tun wollen; man bringt sie dazu, für einen Arbeit zu machen, die sie gar nicht machen wollen; man bringt sie dazu, zu Hause zu bleiben, obwohl sie sich mit Freunden treffen wollen etc.

Um dies zu erreichen, kann man verschiedene Strategien verwenden, wobei positive und negative Strategien unterschieden werden können.

Positive Strategien sind solche, die den Interaktionspartner »einwickeln«, die ihm schmeicheln, die ihm »gut tun« etc., sodass er sich auf Handlungen einlässt, die er eigentlich gar nicht will. Wenn ich z. B. will, dass er mir Arbeit abnimmt, dann kann ich

- an seinen Großmut und seine Hilfsbereitschaft appellieren (»Du willst mich doch bestimmt nicht im Stich lassen!«, »Auf dich kann man sich verlassen!«);
- ihm schmeicheln (»Du kannst die Arbeit ganz sicher viel besser machen als ich!«);
- ihm deutlich machen, dass er etwas davon hat (»Wenn du das machst, erhältst du Einblick in die neuesten Daten!«);

Positive Strategien

- ihm deutlich machen, dass die Arbeit ganz einfach ist (»Die Arbeit ist eigentlich ganz leicht und du wirst sie schnell fertig haben!«).

Negative Strategien

Negative Strategien appellieren an die Normen des Interaktionspartners und aktivieren damit sein »schlechtes Gewissen«: Mein Partner will mit Freunden Karten spielen, aber ich möchte, dass er zu Hause bleibt; ich weiß aber, dass er das nicht tut, wenn ich ihn einfach nur bitte. Also kann ich Folgendes tun:
- Ich kann Kopfschmerzen (oder andere Symptome) simulieren, es meinem Partner sagen oder auch nonverbal (durch Gesten, Gesichtsausdruck etc.) mitteilen, dass es mir schlecht geht.
- Ich kann (mit leidender Stimme!) sagen: »Geh du nur, ich komme schon zurecht.«

Daraufhin wird mein Partner, der die Norm hat »kranke Partner lässt man nicht allein«, das Kartenspiel absagen und mich pflegen – vielleicht zähneknirschend und verärgert, aber er wird es tun.

> **Manipulation**
> In der Psychologie wird **Manipulation** nicht wertend und schon gar nicht abwertend gemeint. Man geht vielmehr davon aus, dass Manipulation ein normales Interaktionsverhalten ist: Jeder manipuliert! Manipulation, richtig angewandt, ist sogar ein Aspekt sozialer Kompetenz.
> Das Entscheidende an Manipulation ist allerdings die **Dosis**: Manipuliere ich dosiert und besteht zwischen mir und meinem Partner ein Ausgleich, dann ist Manipulation überhaupt kein Problem.
> Manipuliere ich jedoch in einer (sehr) hohen Dosis, dann beute ich den Partner aus: Er muss mehr für mich tun, als ich für ihn tue. Und dadurch wird er mit der Zeit unzufrieden und ärgerlich und ich bekomme Beziehungsprobleme. *Das Entscheidende ist somit nicht die Manipulation an sich, sondern die Dosis der Manipulation!*

1.2.4   Weitere Charakteristika

Persönlichkeitsstile weisen noch weitere, spezifische Charakteristika auf (wobei nicht alle Stile alle Charakteristika aufweisen), wie z. B.:

- Dramatik: Ein hohes Ausmaß dramatischer Darstellung im Verhalten; die Person »inszeniert« ihr Handeln, setzt es in Szene; dadurch erhält sie ein hohes Ausmaß an Aufmerksamkeit von anderen.
- Hohe Leistungsorientierung: Eine hohe Bereitschaft, sich anzustrengen, hohe Ziele zu verfolgen und viel zu leisten.
- Handlungsorientierung: Eine (starke) Tendenz, schnell ins Handeln zu kommen, schnelle Entscheidungen zu treffen und nicht lange zu grübeln.
- Erwartungsorientierung: Eine Tendenz, sich an den Erwartungen von Interaktionspartnern zu orientieren und zu versuchen, diese zu erfüllen.
- Egozentrismus: Die Tendenz, die eigene Person als zentral anzusehen und als Zentrum des Geschehens; eine Tendenz, sich selbst sehr wichtig zu nehmen und hohe Erwartungen an andere zu haben.
- Selbst-Effizienz-Erwartung: Die Person muss darauf vertrauen, in der Realität etwas bewegen zu können, und zwar sowohl darauf, effektive Handlungen ausführen zu können, als auch darauf, andere beeinflussen oder beeindrucken zu können.
- Externale Attribution: Personen mit stark ausgeprägten Persönlichkeitsstilen neigen dazu, die Kosten, die sie durch ihr Handeln erzeugen, **anderen** zuzuschreiben und nicht wahrzunehmen, dass sie diese in Wahrheit selbst verursachen.
- Unzufriedenheit: Personen mit ausgeprägten Persönlichkeitsstilen sind bereit, viel zu tun, um ihre (Vermeidungs-)Ziele zu erreichen; da dies ihre eigentlichen Motive nicht befriedigt, bleiben sie oft trotz hoher Anstrengung unzufrieden.

1.3 Persönlichkeitsstile von Führungskräften und Mitarbeitern

Um in einem Unternehmen eine Führungsposition einzunehmen, muss eine Person u. a. bestimmte Eigenschaften mitbringen:

Eigenschaften von Führungskräften

- Ein hohes Ausmaß an **Handlungsorientierung**: Die Fähigkeit, schnelle Entscheidungen zu treffen, Situationen schnell zu analysieren und schnelle Handlungen zu initiieren; die Fähigkeit, Entscheidungen auch dann zu treffen, wenn Informationen fehlen; die Fähigkeit, Risiken einzugehen.
- Ein hohes Ausmaß an **Selbstvertrauen**: Die Person muss ihren Kompetenzen und Fähigkeiten vertrauen, »sich auf sich selbst verlassen können« und eine hohe Selbst-Effizienz-

1

Erwartung aufweisen; sie muss außerdem in der Lage sein, Zweifel zurückzustellen und Konflikte auszuhalten.

— Ein hohes Ausmaß an **Leistungsorientierung**: Die Person muss bereit sein, viel zu leisten, sich anzustrengen, viel Zeit und Mühe in Arbeitsbelange zu investieren; im »Ernstfall« muss sie auch bereit sein, viel Zeit für eine Aufgabe zu investieren und andere Belange zurückzustellen.

— Hohe soziale **Kompetenz**: Die Person muss soziale Fertigkeiten haben, beispielsweise die Fähigkeit, Interaktionspartner zu verstehen, sich auf diese einzustellen und diese anzuleiten; sie muss Konflikte klären und managen können, sie muss Mitarbeiter motivieren können etc.

— Hohe **Durchsetzungsfähigkeit**: Die Person muss in der Lage sein, Konflikte einzugehen, sich abzugrenzen, Konflikte auszuhalten, Stärke zu zeigen und sich sozial durchzusetzen.

Persönlichkeitsstile können Ressourcen sein

Analysiert man die unterschiedlichen Persönlichkeitsstile daraufhin, wie sehr sie die Voraussetzungen für solche Eigenschaften schaffen, wird deutlich, dass sie das in höchst unterschiedlichem Maße tun: Während Menschen mit bestimmten Stilen (wie dem narzisstischen und dem psychopathischen) geradezu prädestiniert sind, solche Eigenschaften zu entwickeln, können andere Stile (wie z. B. der dependente oder der paranoide Stil) sogar dazu führen, die Personen in der Entwicklung von Führungseigenschaften systematisch zu behindern.

Wie wir noch deutlich machen werden, sind es die folgenden vier Stile, die Personen besonders für Führungspositionen prädisponieren:

— der narzisstische Stil (genauer gesagt: der erfolgreich-narzisstische Stil)
— der histrionische Stil
— der zwanghafte Stil
— der psychopathische Stil

Persönlichkeitsstile können Entwicklung behindern

Stile, die Menschen wahrscheinlich eher daran hindern, in Führungspositionen zu gelangen und die man daher eher auf einer Mitarbeiter-Ebene antreffen dürfte, sind:

— der dependente Stil
— der selbstunsichere Stil
— der paranoide Stil
— der schizoide Stil
— der passiv-aggressive Stil

Man muss jedoch sehen, dass ein Stil immer Ressourcen impliziert und Kosten erzeugt: Eine Person kann bestimmte Aufgaben besonders gut erledigen, ist für bestimmte Jobs aufgrund ihres Stils besonders prädestiniert, erzeugt aber immer auch (für sich selbst und andere) bestimmte Arten von Kosten.

So sind Personen mit zwanghaftem Stil prädestiniert, in solchen Aufgabenbereichen gute Arbeit zu leisten, die hohe Genauigkeit, hohe Sorgfalt, ein hohes Ausmaß an Verantwortung erfordern und für die die Beachtung von Details, das genau Beachten von Abfolgen und Präzision wesentlich sind. Dagegen sind meist kreative Leistungen, »große Entwürfe« etc. nicht die Domäne dieser Personen.

In den folgenden Kapiteln werden wir die einzelnen Stile nun näher beschreiben.

Narzisstischer Stil

Rainer Sachse, Annelen Collatz

R. Sachse, A. Collatz, *Spaß an der Arbeit trotz Chef*,
DOI 10.1007/978-3-662-46751-0_2, © Springer-Verlag Berlin Heidelberg 2015

Ein narzisstischer Stil ist bei Führungskräften besonders wahrscheinlich. Daher wollen wir uns damit im Folgenden relativ ausführlich befassen.

2.1   Allgemeine Charakteristika

Leistungsbereitschaft

Will man eine Person mit einem narzisstischen Stil allgemein charakterisieren, dann fällt als Erstes deren hohe Anstrengungs- und Leistungsbereitschaft auf: Sie arbeitet viel, steckt viel Zeit und Energie in ihre Karriere und versucht, so erfolgreich wie möglich zu werden. Dabei verschiebt sie oft ihre Work-Life-Balance in Richtung Work: Sie vernachlässigt manchmal ihr Privatleben, ihre Beziehungen, ihre Hobbys etc.

Eine Person mit einem narzisstischen Stil erweckt auch oft den Eindruck, dass sie trotz hoher Erfolge nie wirklich zufrieden ist: Sie scheint ständig von einer »Höher-schneller-weiter«-Mentalität getrieben zu sein.

Selbstvertrauen und Selbstzweifel

Die Person weist einerseits ein hohes Ausmaß an **Selbstvertrauen** und einen starken Glauben an ihre Fähigkeiten auf; andererseits wird sie aber auch häufig von **Selbstzweifeln** geplagt, sie ist trotz aller Erfolge (stark) kritikempfindlich und relativ schnell gekränkt.

Die starke Norm, **der Beste** zu sein, treibt sie ständig an. Sie hat aber auch hohe Erwartungen an andere: Sie will in ihren Bestrebungen nicht behindert werden und wenn sie es wird, reagiert sie oft ärgerlich und aggressiv.

Sie erwartet von anderen, gelobt und anerkannt zu werden; sie will respektvoll behandelt werden und erwartet einen »VIP-Status«. Auch spannt sie gern andere für ihre Ziele ein, delegiert Arbeit und sorgt dafür, unangenehme Arbeiten nicht machen zu müssen.

Handlungsorientierung

Sie ist meist **handlungsorientiert**, kann schnelle Entscheidungen treffen, denkt nicht über unnötige Details nach und handelt schnell.

Diese Person ist zumeist hoch sozial kompetent, durchsetzungsstark und geht Konflikten nicht aus dem Weg. Sie ist oft hoch empathisch, d. h. sie kann andere Personen gut verstehen und einschätzen, ist aber auch in der Lage, diese Empathie »abschalten«, wenn sie eigene Ziele gegen andere durchsetzen will.

2.2   Zentrale Beziehungsmotive

Das zentrale Beziehungsmotiv des narzisstischen Stils ist **Anerkennung**: Die Person möchte, dass andere ihr positives Feedback über die eigene Person geben, d. h. sie will hören,

— dass sie als Person o.k. ist;
— dass sie als Person liebenswert ist;
— dass sie positive Eigenschaften aufweist;
— dass sie kompetent ist, hohe Fähigkeiten hat, intelligent ist etc.

Ein weiteres wichtiges Motiv ist **Autonomie**: Die Person möchte eigene Lebensbereiche definieren, in denen sie selbst bestimmen kann: Sie will dort eigene Entscheidungen treffen, ohne jemand anderen um Erlaubnis fragen zu müssen, ohne sich mit jemandem abstimmen zu müssen.

Wird die Person in diesen Lebensbereichen bevormundet oder kontrolliert, dann neigt sie dazu, **reaktant** zu werden, d. h. sie entwickelt dann eine starke Tendenz des »Gerade nicht«, also sich jetzt gerade nicht bevormunden, sich auf keinen Fall kontrollieren zu lassen.

2.3 Schemata

Ein narzisstischer Stil (oder eine narzisstische Störung) ist durch charakteristische Schemata gekennzeichnet, die deutliche Konsequenzen für die Person selbst oder für Mitarbeiter haben.

Schemata sind Annahmen, die eine Person in ihrer Biografie entwickelt. Hat sich einmal ein Schema entwickelt, dann wird dies schnell und automatisch durch bestimmte Situationen aktiviert (»getriggert«) und steuert dann die weitere Informationsverarbeitung und Handlungsregulation.

Viele Schemata sind »hyper-allergisch«: Sie werden schon durch minimale Stimuli getriggert, entfalten dann aber massive (negative) Effekte im System (Emotionen wie Ärger, Reaktionen wie gekränkt sein, schnelle und heftige Handlungen etc.).

Da Schemata durch entsprechende Stimuli **schnell** aktiviert werden, kann eine Person mit narzisstischem Persönlichkeitsstil auch leicht »allergisch« reagieren: Sie kann sehr schnell gekränkt oder beleidigt sein!

Man muss wissen, dass Schemata praktisch nicht akkommodieren: eine Schema-inkonsistente, das Schema falsifizierende Information führt **nicht** dazu, dass ein Schema verändert wird, sondern dazu, dass sich ein neues, paralleles Schema bildet: Ein einmal gebildetes negatives Schema ändert sich von selbst praktisch nicht mehr, auch dann nicht, wenn neue Informationen das Schema widerlegen.

Schemata

Schemata sind resistent

2.3.1   Negatives Selbst-Schema

Das Schema

Narzisstische Störungen weisen **immer**, auch dann, wenn sie erfolgreich sind, negative Selbst-Schema-Annahmen auf (die mehr oder weniger stark negativ sein können). Es sind Annahmen der Art:

- Ich bin nicht o.k.
- Ich bin nicht liebenswert.
- Ich habe geringe (keine) Fähigkeiten.
- Ich bin ein Versager.
- Ich kriege nichts auf die Reihe.
- Ich kann Erwartungen nicht erfüllen etc.

Unmittelbare Konsequenzen, die aus diesen Annahmen resultieren, sind:

Kritikempfindlichkeit
- Die Person ist **stark kritikempfindlich**: Jede Art von Kritik kann das Schema »triggern«. Schon **leichte Kritik** kann die Person stark verletzen, kränken oder verärgern (nicht weil die Kritik so »hart« ist, sondern weil die Kritik das Schema triggert!).
- Die Person kann schlecht persönliche und fachliche Kritik unterscheiden. Selbst wenn ein Interaktionspartner deutlich macht, die Kritik sei nicht persönlich, sondern nur ein »sachliches Feedback«, wird das Schema der Person getriggert.

Selbstzweifel
- Sie hat oft (starke) Selbstzweifel, auch bei Handlungen, die sie »eigentlich« gut kann. Diese Selbstzweifel können sogar »wie ein zweiter Film« immer »mitlaufen«. Beispielsweise glaubt die Person nicht daran, dass sie gute Vorträge halten kann. Es strengt sie also enorm an, sich dieser Situation zu stellen. Von außen betrachtet ist die Person aber ein guter, zum Teil sogar sehr guter Vortragender.
- Phasenweise werden die Zweifel sehr stark, was zu Gefühlen von Versagen, Niedergeschlagenheit, Depressionen etc. führen kann. Dies ist besonders ausgeprägt nach »Niederlagen«, negativen Rückmeldungen etc.

■ **Konsequenzen für die Person**

Diese Annahmen haben viele Folgen für die Person:

Extrinsische Leistungsorientierung
- Sie versucht, die Selbstzweifel durch Leistung zu kompensieren, was zu einer starken **extrinsischen** Leistungsorientierung führt. Die Person leistet nicht, »weil Leistung Spaß macht«, sie leistet, um Erfolge zu haben – und sie leistet, um ihre Selbstzweifel zu kompensieren. Dadurch realisiert sie meist

ein höheres Leistungsniveau als Personen, die »nur« intrinsisch leistungsmotiviert sind. Von außen betrachtet ist schwer zu differenzieren, ob eine Person extrinsisch oder intrinsisch motiviert ist. Die extrinsisch motivierte Person ist dadurch zu erkennen, dass sie mehr Feedback zu ihrer Leistung oder zum Erfolg braucht und dass sie aus sich heraus weniger Zufriedenheit für eine erreichte Leistung entwickeln kann.

- Die Person reagiert auf Kritik empfindlich, nimmt daher Kritik oft nicht an und setzt sich nicht damit auseinander; sie schneidet sich damit selbst von Feedback ab.
- Die Person ist trotz hoher Erfolge ständig von Selbstzweifeln geplagt, die sie nicht »abschalten« kann.
- Die Person empfindet Phasen von »Sinnlosigkeit«, von »Verzweiflung« und Niedergeschlagenheit.

Resistenz gegen Feedback

Strategien gegen negatives Feedback

Es gibt verschiedene Strategien, um kurz- und mittelfristig dem Interaktionspartner zu zeigen, dass negatives Feedback nicht angebracht ist und er das in Zukunft lieber lassen sollte.

- Erklärungen finden, warum man selbst dafür nichts konnte und andere bzw. die Rahmenbedingungen schuld waren (externaler Attributionsstil).
- Zum Ausdruck zu bringen, dass einen das Feedback nicht interessiert, im Sinne von »Ich mach das immer so.«
- Durch Mimik und Gestik den Interaktionspartnereinschüchtern.
- Mit etwas zeitlichem Abstand den Interaktionspartner spüren lassen, dass er eine Grenze überschritten hat und nun die Konsequenz folgt. Es wird z. B. etwas nicht genehmigt, ein Beitrag nicht gehört … Hier fallen einem eine Vielzahl von Strategien ein, um sich am Interaktionspartner zu rächen.Und da diese Strategien sich schnell im Unternehmen herumspricht, verhindert die Person auf Dauer, echtes Feedback zu erhalten!

▪ Konsequenzen für Mitarbeiter

Mitarbeiter der Person und Interaktionspartner werden durch diese Art der Schemata ebenfalls beeinträchtigt. Aufgrund eines eigenen positiven Selbst-Schemas überschätzen Mitarbeiter manchmal die »Kritik-Robustheit« der Person und machen dann die Erfahrung, dass diese viel empfindlicher ist als erwartet. So können sie die Person manchmal schon durch »harmloses« Feed-

Feedback kann »gefährlich« sein

2

back »triggern« und verärgern. Auf diese Weise können sie durch jede Art von »kritischem Feedback« Beziehungskredit einbüßen und sich unbeliebt machen. Daher werden sie vorsichtig; sie geben der Person kaum noch Feedback oder enthalten ihr »kritische« Informationen vor. Dadurch wird die Kommunikation erschwert und die Person schneidet sich selbst von wichtigem Feedback ab.

2.3.2 Positives Selbst-Schema

Das Schema

Positives Selbst-Schema

Da Personen mit narzisstischem Persönlichkeitsstil in ihrer Biografie irgendwann anfangen, durch Leistung ihr negatives Schema zu kompensieren, entwickeln sie, wenn sie damit erfolgreich sind, parallel zum negativen ein positives Selbst-Schema: Dieses enthält positive Annahmen über die eigene Person. Dabei können diese realistisch positiv sein, sind aber manchmal auch übertrieben und unrealistisch positiv.

Das Schema enthält dabei Annahmen wie:
- Ich habe gute (außergewöhnliche) Fähigkeiten!
- Ich bin (hoch) intelligent!
- Ich bin (hoch) kreativ!
- Ich bin (außergewöhnlich) leistungsfähig!
- Ich bin (hoch) belastbar!

■ Konsequenzen für die Person

Aus diesen Annahmen ergeben sich unmittelbare Konsequenzen:

Ist dieses Schema aktiviert, ist die Person optimistisch, in guter Stimmung, nimmt Herausforderungen an.

Hohe Selbst-Effizienz-Erwartung

- Das Schema führt zu einer starken Selbst-Effizienz-Erwartung.
- Eine Konsequenz aus dem Schema ist die Tendenz zur Selbstüberschätzung. Die Person neigt dazu, sich Arbeiten aufzuhalsen, die ihre Fähigkeiten, ihre Belastbarkeit etc. übersteigen. Sie kann dabei auch leicht die Komplexität von Aufgaben oder Anforderungen unterschätzen.
- Eine weitere Konsequenz ist Selbst-Überforderung: zu viel zu leisten, zu viel zu arbeiten, eigene Grenzen nicht mehr wahr- oder ernst zu nehmen.
- Das Schema macht die Person aber auch in hohem Maße leistungsbereit und versetzt sie in die Lage, Herausforderungen anzunehmen.

- Insgesamt verführt das Schema jedoch leicht zur Unterschätzung von Problemen und zur Überschätzung von Ressourcen.
- Die Person nimmt damit manchmal auch Herausforderungen an, die sie eigentlich nicht (im Rahmen vernünftiger gesundheitlicher Grenzen) bewältigen kann. Dadurch verschiebt die Person die Work-Life-Balance oft in Richtung »work«.
- Das Schema zeigt des Weiteren eine starke Tendenz anzugeben, »sich in besonders gutem Licht zu zeigen«.

Ist bei der Person das positive Selbst-Schema aktiviert, kann man Interventionen und Empfehlungen sehr gut in dem Sinne platzieren, dass man an die Weiterentwicklung appeliert. Man betont, wie die Person noch besser werden kann, leichter durch's Leben kommt etc. Angemessen freundlich kann negatives Feedback auch angenommen werden.

Ein Coachee wandte sich einmal an mich (AC), da er sich ungerecht vom Arbeitgeber behandelt fühlte. Er hatte einen neuen Weg eingeschlagen, um seine Mitarbeiter zu fördern. Vom Vorgesetzten wurde dies kritisch betrachtet, was er wusste. Da der Coachee aus seiner Perspektive nicht genug Wertschätzung erhielt, informierte er die Presse und diskreditierte seinen Arbeitgeber. Er hatte im Vorfeld nicht versucht, mit seinem Arbeitgeber über die Angelegenheit zu sprechen. Erwartungsgemäß reagierte der Arbeitgeber mit Gegenkritik. Im Laufe des Coachingprozesses konnte der Coachee aber beide Perspektiven einnehmen. Dadurch wurde die Emotionalität in Form von Ärger reduziert und wir entwickelten eine deeskalierende Strategie, die auch griff.

Ich ging einmal mit einem anderen Coachee gemeinsam über eine Ampel. Diese war rot. Er meinte nur: »Wenn ich komme, muss die Ampel doch auf grün springen.« Es war nicht als Scherz gemeint.

▪ Konsequenzen für Mitarbeiter

Mitarbeiter sehen manchmal durchaus, dass ihr Vorgesetzter falsche Entscheidungen trifft, die Komplexität von Aufgaben unterschätzt etc., und kommen damit in einen inneren Konflikt, denn sie können ihm nicht sagen, dass sie die Aufgabe kaum bewältigen kann, ohne das negative Selbst-Schema der Person damit zu triggern!

Mitarbeiter oder Interaktionspartner können der Person auch, aus dem gleichen Grund, nicht raten, »es langsamer angehen zu lassen«, »weniger zu arbeiten« o. Ä., denn das alles kann sie persönlich beleidigen.

Personen können sich überschätzen

Beispiel

2

2.3.3   **Beziehungsschemata**

Das Schema

Beziehungsschemata sind Annahmen der Person darüber, wie Beziehungen funktionieren oder darüber, wie man in Beziehungen behandelt wird. Auch in diesen Schemata »verdichten« sich biografische Erfahrungen.

Typische Beziehungsschemata

Personen mit narzisstischem Persönlichkeitsstil weisen meist Beziehungsschemata mit folgenden Annahmen auf:

- In Beziehungen wird man bewertet und »geprüft«.
- In Beziehungen wird man kritisiert und abgewertet.
- In Beziehungen wird man kontrolliert und eingeschränkt.

▪ Konsequenzen für die Person

Diese Schema-Annahmen haben für die Person charakteristische Konsequenzen:

Beziehungen sind ambivalent

- Die Person fühlt sich oft in Beziehungen und Interaktionen unwohl, weil sie sich »auf dem Prüfstand« und ständig bewertet fühlt. Obwohl sie meist »rational weiß«, dass das nicht so ist, hat sie dennoch das Gefühl, ständig geprüft und bewertet zu werden: Das macht Beziehungen anstrengend und zum Teil unangenehm.
- Die Person lässt sich daher nur langsam auf engere Beziehungen ein und auch erst dann, wenn sich der Interaktionspartner als vertrauenswürdig erwiesen hat. Die Person gibt daher neuen Bekannten erst einmal kaum persönliche Informationen, ist vorsichtig und zurückhaltend mit allem, »was gegen sie verwendet werden könnte« (aber nicht, um damit anzugeben!).
- Die Person hat daher eher viele (oberflächliche) Bekannte, aber nur sehr wenige enge Freunde.

▪ Konsequenzen für Mitarbeiter

Beziehungsaufnahme ist schwierig

Die Schemata haben auch Konsequenzen für Mitarbeiter und Interaktionspartner:

- Interaktionspartner erhalten oft nur wenige persönliche Informationen über die Person.
- Mitarbeiter bekommen nur langsam ein persönliches Verhältnis zur Person; das Verhältnis bleibt lange relativ oberflächlich.
- Die Person ist meist höflich, auch freundlich, bleibt dabei jedoch distanziert: Sie wird »als Mensch« nicht wirklich greifbar.

2.3.4 Normative Schemata

Die Schemata

Normative Schemata sind solche, die der Person verbindliche Vorschriften darüber machen, was sie tun soll, tun muss, tun darf oder was sie nicht tun sollte oder darf.

Normen setzen einer Person (mehr oder weniger) verbindliche Ziele, die (motivationstheoretisch gesehen) alle Vermeidungsziele sind: Sie definieren letztlich Aspekte, die nicht eintreten sollen (daher befriedigt deren Erreichung auch **nicht** zugrunde liegende Motive!).

Normen werden auch »Antreiber« genannt, da sie hohe persönliche Standards setzen, an denen sich die Person orientiert.

Personen mit narzisstischem Persönlichkeitsstil weisen Normen der folgenden Art auf:

Typische normative Schemata

- Leiste viel!
- Strenge dich an!
- Sei erfolgreich!
- Sei der Beste!
- Übertreffe andere!
- Sieh zu, dass du dich immer auf dich selbst verlassen kannst!
- Vermeide Kritik und Abwertung!
- Gib nicht zu viel von dir preis!

Und auch:
- Stell dich, deine Fähigkeiten und Erfolge deutlich dar!
- Mach anderen klar, wer und was du bist!

Und auch:
- Mach dich nicht abhängig!
- Sieh zu, dass du dich auf dich selbst verlassen kannst!

▪ Konsequenzen für die Person

Die Normen haben zur Folge, dass die Person in sehr hohem Maße (extrinsisch!) leistungsmotiviert ist: Sie strengt sich massiv an, verfolgt Ziele ausdauernd und ist damit auch wirklich erfolgreich. Der Erfolg befriedigt jedoch nicht grundlegende Motive; er macht die Person daher nicht zufrieden!

Die Person neigt sehr stark dazu, mit anderen in Wettbewerb zu treten: »Gut zu sein heißt, besser zu sein als andere.« Personen mit narzisstischem Persönlichkeitsstil sind daher stark wettbewerbsorientiert: Ist jemand besser als sie, nehmen sie dies als Herausforderung, »den anderen zu schlagen«.

Hohe Wettbewerbsorientierung

Leistung über alles

Die Person zeigt starke Tendenzen, Leistungsstandards auf alle Lebensbereiche auszudehnen: Auf Tennisspielen (»bester Spieler im Club«), auf Urlaub (»es muss ein besonderer Urlaub sein«) etc. Man kann sagen: »Leistung infiziert alle anderen Bereiche.« Man spielt Golf, um zu entspannen und bald muss man der beste Golfer im Club sein.

Burnout

Die Person neigt dazu, ihre Leistungsgrenzen, ihre Erschöpfung, ihre Frustrationen etc. zu ignorieren und »mehr desselben« zu machen. Damit steigt das Risiko von Burnout, psychosomatischen Erkrankungen etc.

Angeben

Die Person neigt (stark) dazu anzugeben: Sich (extrem) positiv darzustellen, deutlich zu machen, wie toll sie ist. Irgendwann tut sie dies automatisch, sie kann gar nicht mehr anders: Dann erzählt sie allen, die es nicht hören wollen, was sie Tolles getan hat, wen sie Tolles kennt usw.

Dagegen hält sie aber persönliche Informationen eher zurück und lässt sich »nicht in die Karten gucken«.

Die Person bindet sich auch nur schwer wirklich an eine andere Person: Sie hat den Eindruck, autonom bleiben zu müssen, um sich notfalls immer auf sich selbst verlassen zu können.

- **Konsequenzen für Mitarbeiter**
- Mitarbeiter werden von der Person oft den gleichen Leistungsstandards unterworfen: Man »gibt alles«, »Leistung ist das Wichtigste«; wer das nicht tut, ist ein »Weichei«.

Hohe Standards an andere

- Die Person akzeptiert oft andere Auffassungen von Arbeit nicht und mag »Ausreden«, »Drückeberger« oder »Dünnbrettbohrer« überhaupt nicht.
- Mitarbeiter und Interaktionspartner sind oft (starken) Angeber-Tendenzen ausgesetzt: »Mein Haus, mein Boot, mein Pferd!«. Die Personen stellen sich (übertrieben) positiv dar, machen deutlich, was sie können oder erreicht haben; auch durch Kleidung, Uhren, Autos etc. Das macht Interaktionspartner oft neidisch, nervt viele jedoch auch und erzeugt eine Gegentendenz, die Person abzuwerten.
- Mitarbeiter haben oft den Eindruck, nur die positive Fassade der Person zu kennen, ansonsten aber nichts von der Person zu wissen: Dies erschwert die Entwicklung einer vertrauensvollen Beziehung.

Beispiel

Eine Klientin erzählte einmal, dass ihr Chef sehr stolz über seinen Fitnesszustand im Team berichtete. Er würde zwei- bis dreimal die Woche joggen gehen und keiner im Team – seine Mitarbeiter waren bis zu 20 Jahre jünger – wäre fitter als er. Was er dabei völlig außer Acht gelassen hat, ist die Tatsache, dass eben diese Mitarbeiterin ein halbes Jahr vorher den Iron-Man auf Hawaii erfolgreich absolviert hatte und sogar Dritte in ihrer Altersklasse wurde.

2.3.5 Regel-Schemata

Das Schema

Regel-Schemata sind **Erwartungen, die eine Person an andere richtet**: Die Person erwartet von anderen, in bestimmter Weise behandelt zu werden. Die Regeln, die Personen mit narzisstischem Persönlichkeitsstil aufstellen, sind immer Ich-zentriert, z. B.: »Ich will von niemandem an etwas gehindert werden!«. Personen mit narzisstischem Persönlichkeitsstil glauben meist, dass sie berechtigt sind, solche Erwartungen zu haben und durchzusetzen und dass sie berechtigt sind, die Nicht-Befolger ihrer Regeln zu strafen.

Typische narzisstische Regel-Schemata sind:

- Man hat mich zu loben und anzuerkennen!
- Man hat meine Fähigkeiten und Erfolge zu erkennen und angemessen zu würdigen!
- Man hat mich nicht zu kritisieren!
- Man hat mir einen VIP-Status und Sonderrechte einzuräumen!
- Man hat mich nicht zu behindern!

Typische Regel-Schemata

Personen mit narzisstischem Persönlichkeitsstil scheinen beispielsweise in der Erwartung zu leben, dass, die Verkehrsleitstelle alle Ampeln bis zur Arbeitsstelle auf grün schaltet, sobald sie morgens ihr Haus verlassen. Da diese das aber nicht tut, wollen solche Personen zumindest nicht behindert werden. Also haben ihrer Ansicht nach alle, die weniger als 60 km/h in der Stadt fahren, gefälligst zur Seite zu fahren und sie vorbeizulassen.

Relevanz der Regel-Schemata

Eine Personen mit narzisstischem Persönlichkeitsstil ändert die Regeln entsprechend ihrer Bedürfnisse. Die Regeln werden zwar allgemeingültig formuliert, sind aber variabel. Wenn sie mit einer solchen Person essen gehen und sie *jetzt* bestellen möchte und sich ärgert, dass gerade kein Kellner zur Verfügung steht, kann sie ihnen im Brustton der Überzeugung erläutern, warum es für das Restaurant wirtschaftlicher wäre, erst die neuen Bestellungen aufzunehmen und dann die weiteren Services wie Essen und Getränke zu servieren oder abzukassieren, vorzunehmen.

Die Argumentation wäre ähnlich überzeugend, aber genau anders herum, wenn die Person genau *jetzt* bezahlen möchte. Danach wäre es für das Restaurant viel wirtschaftlicher, erst abzukassieren, somit freie Tische zu haben und dann die Bestellungen der neuen Gäste aufzunehmen.

- ■ **Konsequenzen für die Person**
- — Die Person setzt die Regeln selbstverständlich, unreflektiert und automatisch; sie denkt nicht über ihre Legitimation nach oder darüber, ob andere solche Regeln wollen; sie geht eher selbstverständlich von einer Regel-Befolgung aus.

Regeln führen zu interaktionellen Kosten
- — Damit **verprellt** sie aber oft Interaktionspartner, die solche Reglementierungen nicht wollen, nicht einsehen, nicht umsetzen können etc. (z. B. schon deshalb nicht, weil sie gar nichts von den Regeln wissen!). Die Person erzeugt durch Regeln im Allgemeinen ein hohes Ausmaß an interaktionellen Kosten.
- — Da Interaktionspartner sich oft nicht wehren (können), kommt es zu verdeckten Konflikten, Verschlechterungen von Beziehungen etc., die nicht offen kommuniziert werden und nicht geklärt werden können.

Ärger
- — Da Regeln von Interaktionspartner häufig nicht eingehalten werden, kommt es bei der Person oft zu (heftigen) **Ärger-Reaktionen**; diese können sich (stark) gesundheitsschädlich auswirken.

Das Nicht-Erfüllen von Erwartungen geht also allgemein mit Ärger-Reaktionen einher. Daher zeigen Personen mit starkem Regel-Setzer-Verhalten meist ein hohes und anhaltendes Ärger-Potenzial.

- ■ **Konsequenzen für Mitarbeiter**
Mitarbeiter sind solchen Regeln oft in hohem Maße ausgesetzt. Manche erfüllen sie; manche erkenne sie gar nicht rechtzeitig und machen Fehler; etliche wollen sie auch nicht erfüllen. Damit lösen sie Ärger bei der Person aus und die Beziehung zu der Person verschlechtert sich.

Da die Regeln allgemeingültig formuliert sind und Personen mit narzisstischem Persönlichkeitsstil von anderen Personen erwartet, dass diese eingehalten werden, verstärkt sich das Bild der grundsätzlichen Regeln. Besonders zwanghafte Personen (▶ Kap. 5) halten sich an Regeln und setzen dies auch bei anderen voraus. Erkennen zwanghafte Personen, dass das Gegenüber (in diesem Fall eine Person mit narzisstischem Persönlichkeitsstil) es aber nicht tut, erzeugt das Ärger. Da dieser aber aufgrund der Ich-Bezogenheit nicht wahrgenommen wird, kann es bis zur Kündigung von Mitarbeitern gehen.

Mitarbeiter können sich jedoch oft nicht offen gegen Regeln wehren: Also müssen sie indirekt sabotieren, was die Kommunikation beeinträchtigt und die Zusammenarbeit verschlechtert. Das indirekte Sabotieren als Ausweg kann passiv aggressives Verhalten bei Mitarbeitern fördern bzw. erzeugen (▶ Kap. 10).

Regeln schaffen Konflikte

2.4 Manipulation

2.4.1 Das Vorgehen

Personen mit narzisstischem Persönlichkeitsstil sind meist hoch manipulativ: Sie realisieren interaktionelle Strategien, um andere zu Handlungen zu bewegen, die diese von sich aus nicht ausführen würden.

Dazu wenden sie Strategien an wie z. B.:

- Anderen schmeicheln: »Sie sollten das machen, Sie können das besonders gut.«Anderen implizite Vergünstigungen versprechen: »Sie würden mir damit einen großen Gefallen tun.«
- An die Loyalität anderer appellieren: »Sie tun das für die Firma, also für alle Mitarbeiter.«
- Anderen ein schlechtes Gewissen machen: »Sie wollen doch sicher nicht, dass das Projekt scheitert.«
- Drohen: »Wenn Sie das nicht tun, ist Ihr Wert für die Abteilung fraglich.«

Manipulative Strategien

Personen mit narzisstischem Persönlichkeitsstil neigen stark dazu, andere für eigene Ziele einzuspannen: anderen eigene Aufgaben aufzuhalsen, unangenehme Probleme abzugeben, Routinetätigkeiten zu delegieren etc.

Diese Personen neigen aber auch dazu, sich Sonderrechte zu verschaffen, z. B. bei ihren Partnern bzw. Partnerinnen: »Meine Zeit ist so wertvoll, ich kann sie nicht damit verschwenden, den Müll runter zu bringen.«

Eine gute manipulative Strategie ist auch das **Blöd-Spiel**. Es enthält zwei Komponenten: Die »Blöd-Komponente« und die »Schmeichel-Komponente«.

Blöd-Spiel

Ein Mann mit narzisstischem Persönlichkeitsstil möchte seine Wäsche nicht selber waschen: Das ist lästig und unter seiner Würde. Also sagt er zu seiner Partnerin:

Beispiel

- »Schatz, ich kann die Waschmaschine nicht bedienen. Falls ich die Wäsche waschen müsste, könnte ich versehentlich rote Sachen mit weißen Hemden waschen.« (= Blöd-Komponente).

— »Schatz, du bist ein genialer Waschmaschinen-Bediener. Wenn du die Wäsche wäscht, wird sie duftig-frisch und blütenweiß.« (= Schmeichel-Komponente)

— Daraus resultiert: »Schatz, du solltest die Wäsche waschen!«

■ **Konsequenzen für die Person**

Positive und negative Konsequenzen

Die Konsequenzen für die Person sind zunächst einmal positiv: Sie kann andere einspannen, sich Sonderrechte verschaffen etc. Jedoch schafft ein hohes Ausmaß an Manipulation bei Interaktionspartnern, die damit ja »ausgebeutet« werden und »zu kurz kommen«, eine zunehmende Unzufriedenheit, die irgendwann in Ärger mündet. Spätestens dann lässt sich der Interaktionspartner nicht mehr oder nicht mehr ohne Weiteres manipulieren.

■ **Konsequenzen für Mitarbeiter**

Mitarbeiter bemerken meist diese Form der Manipulation sehr schnell, da sie deutlich auf ihre Kosten geht: Jedoch können sie sich oft nicht (offen) dagegen wehren. Und eine Zeit lang lassen sie es sich wohl auch gefallen, in der Hoffnung, damit »Punkte zu sammeln«. Dann machen sie aber die Erfahrung, dass die Rechnung nicht aufgeht: Die Manipulationen werden meist nicht besser, sondern eher schlimmer. In der Folge entwickeln Mitarbeiter Strategien indirekter Sabotage.

2.5   Egozentrik

Egozentrik

Personen mit narzisstischem Persönlichkeitsstil weisen ein hohes Ausmaß an **Egozentrik** auf, d. h. sie sehen sich selbst als Mittelpunkt des Universums und nehmen an, dass sich alles um ihre Person dreht.

Sie haben die Tendenz,

— die Welt »vom Ich aus zu sehen«, alles von ihrer Person ausgehend zu betrachten;

— ihre eigene Bedeutung (stark) zu überschätzen;

— die Bedeutung anderer zu unterschätzen.

■ **Konsequenzen für die Person**

Konsequenzen der Egozentrik

Die hohe Egozentrik hat für die Person einige Konsequenzen:

— Die Person hat Probleme, ihre egozentrische Sicht zu verlassen und z. B. zu erkennen, dass sie nicht die wichtigste Person im Spiel ist.

— Die Person unterschätzt des Öfteren die Bedeutung anderer Personen, sowohl für Projekte als auch für ihr Leben; daher würdigt sie manchmal Beiträge anderer nicht angemessen.

So unterschätzen Personen mit narzisstischem Persönlichkeitsstil oft die Bedeutung von Partnern: Ohne einen Partner könnten sie sehr oft ihr Leistungsniveau gar nicht realisieren oder durchhalten.

Und sie erkennen meist nicht, dass sie die Erfolge, die sie erzielen, ohne ihre Mitarbeiter, die ihnen zuarbeiten, gar nicht realisieren könnten.

■ **Konsequenzen für Mitarbeiter**
Mitarbeiter fühlen sich manchmal unterschätzt, »ignoriert«, nicht ausreichend wertgeschätzt und vor allem zu wenig gelobt, da es Chefs mit narzisstischem Persönlichkeitsstil oft schwer fällt, andere zu loben.

2.6 Empathie

Die meisten Personen mit narzisstischem Persönlichkeitsstil weisen eine hohe Fähigkeit zur **kognitiven Empathie** auf, also die Fähigkeit, schnell und zutreffend zu erkennen, was ein Interaktionspartner möchte, was ihm wichtig ist, auf was er positiv reagiert, aber auch zu erkennen, was er vermeiden will und worauf er negativ reagiert. Eine solche Empathie-Fähigkeit ist wesentlich, wenn man Interaktionspartner erfolgreich manipulieren will.

Kognitive Empathie

Viele erfolgreiche Personen mit narzisstischem Persönlichkeitsstil weisen auch eine gute **emotionale Empathie** auf, also die Fähigkeit, sich in andere emotional einzufühlen und »mitzuschwingen«. Auch diese Fähigkeit ist wichtig, wenn man Interaktionspartner verstehen will.

Emotionale Empathie

Allerdings weisen Personen mit narzisstischem Persönlichkeitsstil meist auch die Fähigkeit auf, **Empathie abzuschalten**, also intentional nicht-empathisch zu sein, wenn ihnen das nützt.

Empathie abschalten

Sollte ein zu großes Verständnis eines Interaktionspartners, z. B. bei der Verfolgung von Zielen, hinderlich sein, kann die Person ihre Empathie abschalten. Dann kann sie darüber hinwegsehen, was sie beim Anderen anrichtet, und vermeiden, Mitleid zu empfinden.

Haben Personen mit narzisstischem Persönlichkeitsstil lange Zeit eine Machtposition inne, dann brauchen sie keine Empathie mehr und verlernen tatsächlich ihre empathischen Fähigkeiten.

■ **Konsequenzen für die Person**

Abschaltbare Empathie ist im Alltag recht praktisch: Man benutzt die Fähigkeit, wenn sie günstig ist und schaltet sie ab, wenn sie hinderlich ist. Das verschafft einem eine Menge interaktioneller Vorteile.

■ **Konsequenzen für Mitarbeiter**

— Für Mitarbeiter ist das nicht so vorteilhaft. Denn hat der Chef seine Empathie abgeschaltet, helfen auch Jammern und Klagen nicht mehr: Man wird von der unangenehmen Aufgabe nicht mehr erlöst.

— Die Person kann aus der Sicht eines Mitarbeiters auch inkonsistent erscheinen: Mal ist sie zugewandt und verständnisvoll, dann wieder kann sie auch brutal wirken.

— Mitarbeiter können dadurch (stark) verunsichert werden; sie haben den Eindruck, dass sie sich auf das Verhalten des Chefs nicht verlassen können.

Beispiel

Ein Cochee berichtete dazu eine spannende Begebenheit mit einem Kollegen: Ursprünglich war sie die Mitarbeiterin des heutigen Kollegen, hatte sich aber fachlich qualifiziert und stand nun auf einer Hierarchieebene mit ihm. Damit »nützte« sie ihm beruflich nichts mehr.

Ein enges Familienmitglied von ihr starb plötzlich und unerwartet. Nach einigen Tagen kam sie wieder zum Arbeitsplatz, worauf der Kollegen lediglich mit der Bemerkung reagierte: »Schwarz steht dir gut.« Kein Wort der Anteilnahme oder Ähnliches!

2.7   Handlungsorientierung

2.7.1   Das Problem

Personen mit narzisstischem Persönlichkeitsstil weisen meist eine hohe **Handlungsorientierung** auf: Sie analysieren nur so viel Information, wie sie für notwendig halten, sie reflektieren nur so lange, bis sie eine Lösung haben und versuchen, möglichst schnell in einen Handlungsmodus zu kommen. Sie treffen damit schnelle Entscheidungen, auch Entscheidungen unter Risiko und »ziehen dann ihre Strategien durch«.

2.8 · Was könnte ein narzisstischer Chef tun, um die Kommunikation zu verbessern?

29

2

- **Konsequenzen für die Person**
- Die Person kann durch die hohe Handlungsorientierung schnelle Entscheidungen treffen.
- Die Person scheut sich auch nicht, Entscheidungen zu treffen, die riskant sind.
- Die Person ist meist gut in der Lage, Komplexität zu reduzieren und sich nicht in Details zu verlieren.
- Dadurch wirkt sich Handlungsorientierung oft positiv aus.
- Ist ein Problem jedoch sehr komplex, kann eine hohe Handlungsorientierung zum Problem werden.
- Denn dann neigt die Person dazu, zu wenig Information zu berücksichtigen, zu wenig genau zu analysieren und zu wenig zu reflektieren.
- Handlungsorientierung kann dann zu vorschnellen, wenig durchdachten Entscheidungen führen.

Konsequenzen der
Handlungsorientierung

2.8 Was könnte ein narzisstischer Chef tun, um die Kommunikation zu verbessern?

Man kann narzisstischen Chefs schon einige Ratschläge geben, wie sie den Umgang mit ihren Mitarbeitern verbessern können:
- Akzeptieren Sie Ihren Narzissmus – mit allen Seiten und Ausprägungen! Dann können Sie ihn auch ohne Abwehr analysieren und können darüber nachdenken, an welchen Stellen sie ihn noch verbessern können: Werden Sie ein noch erfolgreicherer Narzisst!
- Gehen Sie aktiv gegen Ihre Selbstzweifel an und machen Sie sich immer wieder klar, was Sie schon bewiesen haben, was Sie können, welche Fähigkeiten Sie haben, was Sie schon erreicht haben. Trotz allem, was Sie noch erreichen können, ist auch das, was Sie schon erreicht **haben**, immens: Nehmen Sie es zur Kenntnis und wertschätzen Sie es! Sie haben sich auch jetzt schon in hohem Maße Anerkennung und Respekt verdient. Verlieren Sie diesen Aspekt nie aus den Augen!
- Machen Sie sich auch klar, dass Sie, um noch besser zu werden, **dringend Feedback brauchen**: Sie müssen testen, was gut funktioniert und Sie müssen aus Fehlern lernen! Daher brauchen Sie Feedback von Mitarbeitern und **Sie brauchen auch Kritik**, denn daraus lernen Sie, wie Sie es noch besser machen können. Andere können vielleicht nicht mit Kritik umgehen, aber Sie können sich natürlich dieser Herausforderung stellen! Also ermuntern Sie Ihre Mitarbeiter zur Kritik,

Feedback aufnehmen

2

loben Sie sie dafür, zeigen Sie, dass Sie sich damit auseinandersetzen können!

— Zeigen Sie sich Ihren Mitarbeitern auch als Person: Zeigen Sie, was Sie denken und erleben und zeigen Sie auch Zeichen von Schwäche. Die Stärken werden dadurch eher sympathischer! Werden Sie »als Person greifbar«, werden Sie ein Gegenüber, nicht ein Gott auf einem Sockel!

Empathie einsetzen
— Setzen Sie Ihre Empathie ein, um Mitarbeiter zu verstehen. Seien Sie verständnisvoll, ohne dabei ein Weichei zu werden. Auch das ist schwierig, aber Sie können das! Zeigen Sie, dass Sie loyal sind, dass Sie sich kümmern; man wird es Ihnen hoch anrechnen.

— Seien Sie im Hinblick auf Ihre Regeln nachsichtig! Die anderen sind auch nur Menschen und haben Schwächen. Denken Sie daran, Sie beziehen Ihre Autorität aus Ihrer Kompetenz, nicht aus Ihrer Strenge! Sie motivieren viel mehr durch Ihr Charisma, als dadurch, dass Sie Angst verbreiten – das haben Sie wirklich nicht nötig! Und denken Sie daran: Streng sein können Sie im Ernstfall immer noch!

Coaching
Um dies zu erreichen, kann eine professionelle Begleitung in Form von Coaching sehr hilfreich sein. Der Coach sollte dabei mit ihnen auf Augenhöhe agieren, aber ihnen gleichzeitig Respekt zollen und er sollte sich mit Konzepten wie dem narzisstischen Persönlichkeitsstil gut auskennen.

2.9   Was kann ein Mitarbeiter tun?

Hilfreich wäre eine komplementäre Beziehungsgestaltung, das bedeutet, dass man versucht, die wesentlichen Motive und Ziele einer Person zu befriedigen. Dadurch erhält man von der Person in hohem Maße »Beziehungskredit«, d. h. man wird geschätzt, gemocht und kann sich auf der anderen Seite einiges leisten.

Komplementäre Beziehungsgestaltung
Komplementäre Beziehungsgestaltung bedeutet bei einem Narzissten, **ihn zu loben**: Und zwar explizit, massiv und bei jeder Gelegenheit! Loben Sie den Chef für alles, was er aus Ihrer Sicht gut macht: Für seine Ideen, seine Kreativität, seine Entscheidungen, seine Führung etc. Und denken Sie bitte nie: »Das wird er schon wissen!« – Er will es dennoch hören! Sie können nicht zu viel loben!

Loben Sie ihn vor allem an solchen Stellen, wo Sie denken, dass er an sich zweifelt: An solchen Stellen ist Lob ganz besonders wirksam.

Achten Sie beim Loben aber darauf, dass das Lob nie anmaßend wird; beachten Sie, dass Sie immer **aus Ihrer Perspektive heraus loben**.

Also sagen Sie nicht: »Ihre Verhandlungsführung war toll.« Das könnte beim Chef so ankommen, als würden Sie die Stelle **seines** Vorgesetzten einnehmen – und dann reagiert er sauer. Loben Sie aus Ihrer Perspektive, also sagen Sie: »Ihre Verhandlungsführung hat mich stark beeindruckt. Wie Sie mit XY umgegangen sind, war einfach faszinierend.«

2.9.1 Trojanische Pferde

Wenn Sie Ihrem Chef Feedback geben wollen, verpacken Sie es so, dass er es akzeptieren kann: Brechen Sie nicht durch die Mauer, stellen Sie ein schönes, hölzernes Pferd vors Tor, das der Chef selbst reinzieht.

Sagen Sie also nicht: »Das haben Sie falsch gemacht.«, sondern: »Vielleicht wäre an dieser Stelle Ihre geniale Taktik aus dem XY-Gespräch noch besser gewesen.«

Wenn Sie Feedback geben, sollten Sie es immer so tun,

Trojanische Pferde

- dass der Chef nicht das Gesicht verliert;
- dass der Chef es nicht als »Versagen« »auffasst«;
- dass der Chef es so interpretiert, dass er es noch besser machen kann; oder dass es an den Umständen lag o. Ä.;
- dass Sie selbstverständlich davon ausgehen, dass der Chef es beim nächsten Mal sehr gut machen wird.

Sagen Sie dem Chef: »Ich weiß, andere Chefs können Kritik nicht vertragen, aber ich weiß, Sie verstehen es richtig und können selbstverständlich damit umgehen.« Und dann äußern Sie Kritik, mit viel Lob gemischt!

Ein »Trojanisches Pferd« zu nutzen bedeutet, dass sie die psychologische Struktur des Chefs gut kennen und »an sie andocken«: Machen Sie deutlich,

- dass der Chef die Kritik als Herausforderung erleben wird;
- dass er durch die Kritik noch besser werden kann;
- dass er der Einzige ist, den sie kennen, der souverän damit umgehen kann etc.

Wenn sie Kritik üben, achten sie auf das Setting. Die Person sollte sich wertgeschätzt fühlen und nicht das Gefühl haben, vor anderen das Gesicht zu verlieren und vorgeführt zu werden. Also Vorsicht bei Kritik vor Publikum!

Der psychopathische Stil

Rainer Sachse, Annelen Collatz

R. Sachse, A. Collatz, *Spaß an der Arbeit trotz Chef*,
DOI 10.1007/978-3-662-46751-0_3, © Springer-Verlag Berlin Heidelberg 2015

Auch ein psychopathischer Stil ist bei Führungskräften relativ häufig. Dieser ist für einen Chef besonders vorteilhaft und für Mitarbeiter besonders problematisch: Wir zeigen im Folgenden, warum.

3.1   Allgemeine Charakteristika

Ein psychopathischer Persönlichkeitsstil ist relativ verbreitet und er ist wichtig, er stellt jedoch unter allen Stilen eine Besonderheit dar. Viele Funktionsaspekte, so muss man aus Forschungsergebnissen schließen, kommen nicht durch psychologische, sondern durch neuropsychologische Prozesse zustande, d. h. stark vereinfacht gesprochen: Viele Funktionen des psychopathischen Stils sind ein »Hardware-« und kein »Software«-Problem. Daher ist der psychopathische Stil auch nur recht wenig beeinflussbar, auch Coaching oder Psychotherapie führen nur sehr begrenzt zu Veränderungen.

Für Interaktionspartner ist das jedoch letztlich gleichgültig: Sie müssen sich trotzdem auf die Person einstellen und mit ihr »klarkommen«.

Mangel an sozialen Normen

Personen mit einem psychopathischen Stil zeichnen sich vor allem dadurch aus, dass sie nur wenige oder keine **sozialen Normen** aufweisen, sie haben also **keine** Regelungen verinnerlicht wie:

- Schädige andere nicht.
- Tue anderen nichts an.
- Beeinträchtige andere nicht.
- Sei solidarisch mit anderen.
- Sei hilfreich und unterstütze andere.

Da ihnen Normen dieser Art weitgehend fehlen, können sie in ihrem Verhalten auch relativ skrupellos sein – ohne ein schlechtes Gewissen zu haben oder Reue zu empfinden.

Da sie außerdem nur ein geringes Angstniveau aufweisen, können sie, von ihren eigenen Standards her, sehr viel tun, was Personen mit einem ausgeprägten System an sozialen Normen nicht tun können: Sie sind in der Lage, andere auszubeuten, Intrigen zu spinnen, anderen zu schaden etc., ohne dass es ihnen nennenswert etwas ausmacht.

Und das bringt ihnen in vielen sozialen Kontexten erhebliche Vorteile: Allerdings nur dann, wenn es ihnen gelingt, **sich sozialen**

Regeln anzupassen. Andernfalls werden sie schnell sozial auffällig und sogar kriminell: Diese Personen mit psychopathischem Stil werden als »erfolglose Psychopathen« bezeichnet.

»Erfolgreiche Psychopathen« entwickeln dagegen die Fähigkeit,

— soziale Regeln und Konventionen zu erkennen und zu verstehen;
— zu erkennen, dass es in der Gesellschaft vorteilhaft ist, sich nach solchen Regeln zu richten;
— sich selbst so weit zu kontrollieren, dass sie sich (zumindest äußerlich) diesen Konventionen anpassen können und auf diese Weise nicht stark auffällig werden;
— sozial kompetent zu sein: Sie können oft charmant, höflich und freundlich sein und so andere für sich einnehmen;
— andere hochgradig zu manipulieren und dann relativ skrupellos auszunutzen.

Erfolgreiche Personen mit einem psychopathischen Persönlichkeitsstil weisen häufig die Fähigkeit auf, sich stark auf einen Inhalt oder eine Aufgabe zu **fokussieren**: Sie konzentrieren alle Ressourcen darauf, sodass sie die Aufgabe meist (bei entsprechender Kompetenz) sehr gut bewältigen. Allerdings hat die starke Fokussierung oft auch einen Nachteil: Manche Personen mit psychopathischer Persönlichkeitsstil sind bei Multitasking-Aufgaben deutlich schlechter als vergleichbar intelligente Personen: Sie haben Schwierigkeiten, ihre Ressourcen »zu verteilen«.

Weisen erfolgreiche Psychopathen noch ein hohes Intelligenz- und Kompetenz-Niveau auf, können sie beruflich **extrem** erfolgreich werden (oft noch erfolgreicher als Personen mit narzisstischem Stil). Und wenn sie es schaffen, ihre Skrupellosigkeit gut zu tarnen, zu rechtfertigen und dabei nicht mit dem Gesetz in Konflikt zu kommen, können sie auch lange erfolgreich bleiben.

3.2 Beziehungsmotive

Personen mit psychopathischem Stil weisen sehr ähnliche Beziehungsmotive auf wie Personen mit narzisstischem Stil. Sie sind hochgradig **anerkennungsmotiviert**, wollen also gelobt werden, gut sein, erfolgreich sein etc. Und sie sind stark **autonomiemotiviert**: Sie wollen in hohem Maße über ihr Leben und insbesondere über relevante Lebensbereiche selbst bestimmen.

Erfolgreiche Psychopathen

Fokussierung

3

3.3   Schemata

Auch Personen mit einem psychopathischen Persönlichkeitsstil weisen charakteristische Schemata auf.

3.3.1   Selbst-Schemata

Typische Selbst-Schemata

Erfolgreiche Psychopathen weisen ein (sehr) positives Selbst-Schema auf, das manchmal (stark) übertrieben positiv ausfällt mit Annahmen wie:
- Ich bin (sehr) erfolgreich.
- Ich bin (hoch) intelligent.
- Ich bin (extrem) leistungsfähig.
- Ich kann alles schaffen.
- Ich kann alle Hindernisse überwinden.

Damit haben die Personen ein (sehr) hohes Zutrauen zu sich selbst und eine (sehr) **hohe Selbst-Effizienz-Erwartung.**

Anders als Personen mit narzisstischem Stil weisen diejenigen mit psychopathischem Stil **kein** paralleles negatives Selbst-Schema auf: Sie neigen daher **nicht** zu Selbstzweifeln und auch nicht zu Kritik-Empfindlichkeit.

■   **Konsequenzen für die Person**

Hohe Selbst-Effizienz-Erwartung

Das stark positive Selbst-Schema führt zu einer hohen Selbst-Effizienz-Erwartung: Die Person glaubt, dass sie gute Handlungen generieren kann und dass diese Handlungen in der Realität gute Effekte erzielen werden.

Damit hat sie ein hohes Vertrauen in sich selbst, was sich wiederum positiv auf die Motivation auswirkt: Die Person nimmt Herausforderungen an und kann viel leisten; sie trifft schnelle Entscheidungen und geht (hohe) Risiken ein.

Keine Selbstzweifel

Sie wird (anders als Personen mit narzisstischem Stil) dabei kaum von Selbstzweifeln geplagt oder behindert.

Sie empfindet sich als hochgradig selbstbestimmt und hat kaum den Eindruck, anderen Rechenschaft schuldig zu sein: Das gibt ihr ein maximales Ausmaß von Handlungsfreiheit.

■   **Konsequenzen für Mitarbeiter**

Wenig Teamgeist

Für Mitarbeiter sind die Konsequenzen nicht so rosig: Denn die Person wird Mitarbeiter selten an Entscheidungen beteiligen. Diese werden oft zu Statisten in seinem Spiel: Sie liefern Information, machen die Arbeit, werden aber in relevante Prozesse kaum eingebunden.

Aus Sicht der Mitarbeiter ist ein Chef dieser Art ein »Allein-Herrscher«, der Machiavellis »El Principe« verinnerlicht hat (und auch Sun Tsus »Die Kunst des Krieges«).

3.3.2 Beziehungsschemata

Personen mit psychopathischem Persönlichkeitsstil weisen spezielle Arten von Beziehungsschemata auf. Diese gehen vor allem davon aus, dass man sich Beziehungen zunutze machen kann. Annahmen sind z. B.:

- Beziehungen sind nützlich.
- Man kann sich Beziehungen gut zunutze machen.
- Andere lassen sich manipulieren und ausnutzen.

Andererseits findet eine Person mit einem psychopathischen Stil Beziehungen aber auch nicht wirklich existenziell wichtig: Er braucht sie nicht zum Leben, er braucht sie, da sie ihm nützlich sein können. Er bindet sich aber meist nicht wirklich an andere Personen.

Eine ranghohe Führungskraft zeigt psychopathische Züge in der Form, dass er Mitarbeiter seines Teams und auch andere gern vorführt. Da er sehr intelligent ist und schneller als andere Zusammenhänge erfasst, nutzt er diese Fähigkeit, um andere klein zu machen, der Lächerlichkeit preiszugeben und bloßzustellen – und das bei jedem auf den Punkt genau! Emotionale Regungen verschiedener Art berühren ihn nicht und so schafft er es, dass auch gestandene Personen ihm einerseits mit Respekt – da man intellektuell kaum mit ihm mithalten kann – und andererseits mit Abscheu betrachten. Aber kaum einer wagt, sich offen mit ihm anzulegen.

Mitarbeiter beschreiben seinen Führungsstil dahingehend, dass sie von ihm in Ruhe gelassen, aber nicht gefördert werden. Sie fühlen sich wie »Objekte« behandelt, da sich der Chef mit psychopathischem Stil überhaupt nicht für seine Mitarbeiter zu interessieren scheint. Er verfügt über angemessene Umgangsformen im Alltag, aber zeigt keinerlei Emotionen – er agiert wie durch eine Maske, ist als Mensch nicht erkennbar und somit auch nicht in seiner Reaktion einschätzbar! Aufgrund dieser Wirkung selektiert sich der Mitarbeiter schon im Vorfeld stark, denn wer vom Chef erwartet, als Mensch gesehen zu werden, ist hier falsch!

Typische Beziehungsschemata

Einschüchterungen

3

Ausnutzen anderer Personen

- ■ **Konsequenzen für die Person**

Aus Sicht der Person sind Beziehungspartner nützliche Figuren, die man einsetzen kann, solange man sie braucht, und die man austauschen kann, wenn man sie nicht mehr braucht. Damit wird die Person kaum durch Beziehungen oder durch Beziehungsverpflichtungen behindert.

Keine Loyalität

- ■ **Konsequenzen für Mitarbeiter**

Mitarbeiter spüren oft ihre »Austauschbarkeit«, da es ihnen nicht gelingt, zu ihrem Chef ein persönliches Verhältnis aufzubauen. Oder sie merken schnell, dass sie tun können, was sie wollen – sie erzeugen bei ihrem Chef **keine Loyalität**: Er kann sie jederzeit fallen lassen.

Der Kontakt bleibt oft kalt, unpersönlich, förmlich; in der Regel ist er weder herzlich noch zugewandt oder empathisch. Daher bleiben die Mitarbeiter meist auch auf Distanz und lassen sich »nicht in die Karten schauen«.

3.3.3 Normative Schemata

Typische normative Schemata

Personen mit einem psychopathischen Persönlichkeitsstil weisen durchaus **normative Schemata** auf, die aber ausschließlich auf eigene Ziele gerichtet sind. Diese Schemata sind bei erfolgreichen Personen mit psychopathischem Stil (ähnlich wie bei Personen mit narzisstischem Stil):

- ▬ Sei erfolgreich!
- ▬ Sei der Beste!
- ▬ Mach etwas aus deinem Leben!

Anders als Personen mit narzisstischem Stilweisen diejenigen mit psychopathischem Stil keine normativen Schemata auf, die darauf angelegt sind, Kritik und Abwertung zu vermeiden, denn Kritik und Abwertung sind für sie in aller Regel kein Problem.

Hohe Leistungsorientierung

- ■ **Konsequenzen für die Person**

Die normativen Schemata sind »Antreiber«, durch die die Person ein hohes Maß an (extrinsischer!) Leistungsmotivation besitzt und die damit für ihren Erfolg sorgen. Erfolgreiche Psychopathen zeichnen sich aus durch hohe Machtfülle, hohen Status, hohes gesellschaftliches Ansehen, Reichtum etc. – alles Aspekte, die Personen mit einem psychopathischen Persönlichkeitsstil zu schätzen wissen.

Die Person ist Kritik gegenüber meist relativ unempfindlich: Wenn sie aus Kritik lernen will, tut sie es; wenn sie dagegen Kritik ignorieren will, hat sie damit kein Problem.

■ **Konsequenzen für Mitarbeiter**

Die hohe Leistungsbereitschaft der Person kann Mitarbeiter »anstecken«; Personen mit psychopathischem Stil sind oft durchaus kreativ, was sich oft positiv auf Mitarbeiter auswirkt und eine günstige Arbeitsatmosphäre schaffen kann.

Dass die Person wenig kritikempfindlich ist, wirkt sich ebenfalls eher positiv im Umgang mit Mitarbeitern aus.

Wenn es opportun ist, kann die Person mit psychopathischem Persönlichkeitsstil mit Mitarbeitern kommunizieren: ihnen zuhören, sie loben, ihnen entgegenkommen etc. Er kann tut dies jedoch, weil er weiß, dass es für ihn nützlich sein kann, die Mitarbeiter »bei Laune« zu halten.

Wenig kritikempfindlich

3.3.4 Regel-Schemata

Personen mit psychopathischem Stil weisen oft starke Regel-Schemata auf der Art:

— Andere haben zu tun, was ich sage.
— Andere haben mir zuzuarbeiten.
— Andere haben ihr Bestes zu geben.
— Andere haben sich nicht anzustellen.
— Andere haben einiges auszuhalten.

Typische Regel-Schemata

Diese Personen verachten »Weicheier«: Sie erwarten, dass Interaktionspartner stark, robust und selbstbewusst sind, dass sie Kritik aushalten, aber auch, dass sie sich wehren können. Sie mögen in der Regel Personen mit hohem Selbstbewusstsein.

Daher kann es sich für Mitarbeiter durchaus positiv auswirken, wenn sie sich **nicht** alles gefallen lassen, wenn sie dem Chef Grenzen setzen und Dinge durchsetzen: Das kann den Chef mit psychopathischem Stil durchaus beeindrucken und ihn geneigt machen, dem Mitarbeiter entgegenzukommen.

■ **Konsequenzen für Mitarbeiter**

Solche Regel-Schemata können Mitarbeiter stark polarisieren. Einige können sich dadurch durchaus angespornt und gestärkt fühlen (bei allem Ärger, den das Handeln der Person auch auslösen kann). Andere dagegen fühlen sich schlecht behandelt und niedergemacht und zeigen keinerlei Motivation mehr. Damit

3

erreicht die Strategie aber durchaus, was sie soll: Survival oft the fittest. Wer mit den Regeln nicht zurechtkommt, ist nicht nützlich und kann sehen, wo er bleibt.

3.4   Manipulation

Personen mit psychopathischem Stil sind **Meister der Manipulation**: Man muss annehmen, dass sie noch manipulativer sind als Personen mit narzisstischem Stil oder Personen mit histrionischem Stil.

Hohe kognitive Empathie

Eine wichtige Voraussetzung dafür, jemanden effektiv manipulieren zu können, ist, ihn gut zu verstehen: Man muss in der Lage sein, sich schnell ein gutes Bild vom Gegenüber zu machen, um genau zu wissen, auf welche Strategien er reagieren wird.

Daher muss man in der Lage sein zu rekonstruieren,

- welche Ziele und Motive der andere hat und auf welche Art von Feedback er positiv reagieren wird.
- welche Annahmen jemand hat, was er glaubt und was ihm wichtig ist, um ihn »gut abzuholen« und ihn nicht zu kränken.
- wo der andere empfindlich ist, auf was er gekränkt oder beleidigt reagiert, um »nicht in Fettnäpfchen zu treten« usw.

Um das alles zu können, braucht man Empathie: Man braucht **kognitive Empathie**, um Annahmen, Ziele etc. des anderen gut verstehen und rekonstruieren zu können, und man braucht **emotionale Empathie**, um seine Empfindlichkeiten, Sehnsüchte etc. zu erspüren. Erfolgreiche Personen mit einem psychopathischen Persönlichkeitsstil weisen meist beide Fähigkeiten auf.

Abschalten von Empathie

Aber noch eine andere wesentliche Fähigkeit zeichnet sie aus: **Sie können Empathie sehr effizient abschalten**, wenn diese sie behindern könnte. Denn Empathie erzeugt Mitgefühl und Mitgefühl hindert einen daran, den anderen auszutricksen oder auszubeuten. Daher ist Empathie bei der Verfolgung mancher Ziele (stark) hinderlich. Und dann ist es wichtig, die Empathie einfach abschalten zu können. Neuropsychologische Untersuchungen haben gezeigt, dass Personen mit psychopathischem Stil dies sehr gut können.

Effektive Manipulation

Sie besitzen darüber hinaus effektive **Handlungsstrategien der Manipulation** wie: anderen zu schmeicheln, sympathisch zu wirken, andere zu loben; aber auch an Normen anderer zu appellieren, anderen zu drohen, andere einzuschüchtern etc.

Personen mit psychopathischem Stil neigen dazu, Interaktionspartner »zu **testen**«: Sie behandeln jemanden schlecht, um zu sehen, ob er sich wehren kann; sie kritisieren jemanden, nur um zu sehen, wie er mit Kritik umgehen kann. Auch in diesen Tests sind solche Personen recht skrupellos, indem sie z. B. gegen soziale Konventionen verstoßen: Sie laden jemanden zu einem Gespräch ein, bieten ihm aber keinen Stuhl an), nur um zu sehen, ob der Betreffende sein Recht einfordert.

- **Konsequenzen für die Person**

Die Fähigkeit, Empathie gezielt abschalten zu können, ist von sehr großem Vorteil: Denn man kann Empathie konstruktiv nutzen, wenn sie einem gelegen kommt, und man kann sie runterfahren, wenn sie einen schwach machen würde.

Auch die Fähigkeit, den anderen auf drastische Weise zu testen, ist sehr hilfreich: Auf diese Weise kann man sehr schnell feststellen, welche Eigenschaften der Interaktionspartner aufweist.

- **Konsequenzen für Mitarbeiter**

Mitarbeiter werden in sehr hohem Maße manipuliert und stehen stark in der Gefahr, auch in sehr hohem Maße ausgebeutet zu werden.

Starke Manipulation

- Sie sollten daher zunächst versuchen, sich über die Art und das Ausmaß der Manipulation klar zu werden; und dann sollten sie eine Entscheidung treffen, ob sie es aushalten wollen oder nicht.
- Falls nein, kann es durchaus sinnvoll sein, sich zu wehren und zu verhandeln – es kann sein, dass ein solches Verhalten dem Chef mit psychopathischem Stil Respekt abnötigt – allerdings ist das eine empirische Frage, man muss es testen.
- Will man das nicht und leidet man stark unter einem solchen Chef, sollte man möglichst schnell das Weite suchen: Die Wahrscheinlichkeit, die Situation zu ändern, ist gering.

3.5 Was könnte ein psychopathischer Chef tun, um die Kommunikation zu verbessern?

Hilfreich ist es, wenn der Chef seine Regeln und Erwartungen transparent macht (und weniger manipulativ ist); damit kann jedem klar werden, was erwartet wird, und er kann für sich entscheiden, ob er das will oder nicht.

3

Empfehlenswert ist es, wenn die Person versucht, andere stärker zu respektieren, sie mehr zu sehen, zu loben, zu fördern und Leistungen weniger als selbstverständlich aufzufassen.

Nachsicht zu üben könnte nicht schaden, also z. B. anderen zu verzeihen, ihnen eine zweite Chance zu geben, sie weniger hart zu testen etc.

3.6   Was kann ein Mitarbeiter tun?

Konflikte eingehen

Tests bestehen

- **Konflikte eingehen:** Es ist meist wichtig, Konflikte nicht zu vermeiden, sondern Konflikte offen einzugehen: zu sagen, was man will oder nicht will, Forderungen zu stellen etc. Die Chance, dass sich eine Person mit psychopathischem Stil dann auf eine Auseinandersetzung einlässt, ist recht groß. Auf diese Weise kann man sich außerdem Respekt verschaffen.
- **Tests bestehen**: Wenn man getestet wird, gilt: »Mund aufmachen, sich nie einfach etwas gefallen lassen! Sich durchsetzen, Selbstbewusstsein zeigen! Nicht gekränkt oder beleidigt reagieren (Weicheier fallen sofort durch den Test)! Kontra geben! Es ist wichtig, keine Angst zu zeigen, sondern zu demonstrieren, dass man sich der Herausforderung stellt.
- **Eigene Fähigkeiten deutlich machen**: Die eigenen Fähigkeiten deutlich machen, auf Stärken hinweisen, Erfolge herausstellen, ein eigenes Profil aufbauen. Understatement ist fehl am Platz!

3.7   Gemeinsamkeiten und Unterschiede von Narzissten und Psychopathen

Personen mit narzisstischem und solche mit psychopathischem Stil haben viele Gemeinsamkeiten: ihre hohe Leistungsorientierung, ihre Erfolgsorientierung, die Fähigkeit, Empathie abzuschalten, die hohe Manipulationsfähigkeit u. a. Damit sind sie auch ähnlich erfolgreich und schaffen es oft bis zur Spitze einer Institution.

Es gibt jedoch auch charakteristische Unterschiede:

- Anders als Personen mit narzisstischem Stilweisen diejenigen mit psychopathischem Stil keine hinderlichen Selbstzweifel auf: Sie zweifeln nicht an ihrer Kompetenz und sie sind auch nicht kritikempfindlich: Wenn sie wollen, können sie sehr wohl aus Kritik lernen.

- Der entscheidende Unterschied ist aber, dass Personen mit narzisstischem Stil in aller Regel funktionierende soziale Normen aufweisen. Diese hindern sie letztlich daran, anderen zu stark zu schaden, andere zu stark auszubeuten, kriminelle Machenschaften und Intrigen zu spinnen. Sie haben ein »schlechtes Gewissen«, das ihre Aktionen bremst, sie gehen selten »über Leichen« und überschreiten bestimmte Grenzen nicht.
- Personen mit einem psychopathischen Persönlichkeitsstil lassen sich dagegen nicht durch ein »schlechtes Gewissen« kontrollieren, da sie keines aufweisen: Sie lassen sich von Aktionen nur abhalten, wenn sie fürchten, »erwischt« zu werden, oder wenn sie schiefgehen könnten. Damit sind Personen mit psychopathischem Stil deutlich skrupelloser als diejenigen mit narzisstischem Stil.
- Anders als Personen mit einem psychopathischen Persönlichkeitsstil weisen diejenigen mit narzisstischem Stil eine gewisse Bindungsfähigkeit auf: Sie lassen sich auf Beziehungen und auch auf »tiefere« und langandauernde Beziehungen ein. Personen mit einem psychopathischen Persönlichkeitsstil funktionalisieren dagegen Beziehungen praktisch nur: Sie lassen sich auf Beziehungen ein, wenn und solange sie ihnen nutzen.
- Personen mit narzisstischem Stil zeigen echte Emotionen wie Freude, Trauer, Betroffenheit, Angst. Dagegen haben Personen mit einem psychopathischen Persönlichkeitsstil kaum bis keine Angst und empfinden selten Trauer. Sie können aber in hohem Maße **Gefühle vortäuschen**: Dabei können sie äußerst »nett«, »charmant« und »liebenswürdig« erscheinen – solange sie es wollen und es ihnen nützt.
- Beide Personengruppen weisen aber eine hohe **kognitive Empathie-Fähigkeit** auf: Sie erfassen schnell, was ein Interaktionspartner denkt, will und braucht und auch, was er nicht will und worauf er ärgerlich reagiert: Und sie können sich schnell auf Interaktionspartner einstellen und sie dadurch (stark) manipulieren. Beide können ihre Empathie jedoch auch »abschalten«, wenn sie hinderlich wird, z. B., wenn »die Gefahr« besteht, den Interaktionspartner »zu gut« zu verstehen und man damit zu nachgiebig werden könnte.
- Anders als Personen mit psychopathischem Stil weisen diejenigen mit narzisstischem Stil aber auch **emotionale Empathie** auf: Sie können mit anderen »mitfühlen« und mitschwingen. Dadurch schaffen sie Nähe, weisen aber damit auch einen potenziellen »Schwachpunkt« auf.

- Anders als Personen mit narzisstischem Stil sehen diejenigen mit psychopathischem Stil Fehler meist nicht bei sich selbst (und suchen sie auch nicht bei sich): Sie halten Selbstreflektion ebenso für Zeitverschwendung wie Reue.
- Personen mit einem psychopathischen Persönlichkeitsstil sind oft »sensation seeker«: Sie brauchen »kicks«, extreme Herausforderungen, extreme Risiken. Sie machen deshalb oft extreme Sportarten (z. B. Fallschirmspringen: »Bei meinem ersten Absprung habe ich mich lebendig gefühlt.«) oder stellen sich Herausforderungen (z. B. einen gefährlichen Berg besteigen).
- Personen mit psychopathischem Stil weisen meist nur wenig internale Konflikte auf: Sie »sind mit sich im Reinen«, sie halten sich für angemessen aggressiv in einer eher feindseligen Umwelt und sehen Manipulationen und Täuschungen als legitim an.

Histrionischer Stil

Rainer Sachse, Annelen Collatz

R. Sachse, A. Collatz, *Spaß an der Arbeit trotz Chef*,
DOI 10.1007/978-3-662-46751-0_4, © Springer-Verlag Berlin Heidelberg 2015

Ein histrionischer Stil ist durch hohe Dramatik und Manipulation gekennzeichnet. Er wirkt oft faszinierend, ist aber nicht leicht »zu handhaben«. Wir zeigen warum und was man tun kann.

4.1   Allgemeine Charakteristika

Will man Personen mit histrionischem Persönlichkeitsstil charakterisieren, dann fällt als Erstes ihre **Dramatik** auf (»Histrion« bezeichnet einen Schauspieler im klassischen Rom): Die Person neigt (stark) dazu, sich und alle Inhalte »zu inszenieren«, »darzustellen«; sie hält nicht einfach einen Vortrag, sie macht daraus eine Show, in der sie die Inhalte zelebriert und sich selbst in Szene setzt; sie erzählt nicht einfach eine Geschichte, sie »spielt« diese Geschichte und zwar – wenn sie gut ist – so, dass alle von der Performance begeistert sind.

Dramatisierung

Die Person neigt auch dazu, **Inhalte zu dramatisieren**: Ein Ereignis war nicht schlimm, es war »furchtbar«; jemand, der sich schlecht benommen hat, hat sich »entsetzlich daneben benommen«, eine Theateraufführung war nicht gut, sie war »exzellent« etc.

Aufmerksamkeit

Personen mit histrionischem Persönlichkeitsstil wollen vor allem **Aufmerksamkeit**: Sie streben auf einer Fete in den Mittelpunkt und versuchen, die Aufmerksamkeit **aller** zu fesseln. Dazu ist es ihnen auch recht, Storys zu erzählen, die sich in der Realität nicht ganz so abgespielt haben, oder aber Storys komplett zu erfinden: Diese Personen wollen Effekte erzielen, nicht die Realität richtig wiedergeben.

Regeln setzen

Personen mit histrionischem Persönlichkeitsstil setzen meist starke **Regeln für Interaktionspartner**: Diese haben ihnen **volle** Aufmerksamkeit zu geben, ganz für sie da zu sein, völlig zur Verfügung zu stehen usw. Tun sie das nicht, reagieren die Personen oft (sehr) ärgerlich: Und dann kann der Interaktionspartner massiv »runtergeputzt« werden, vor allen und in aller Öffentlichkeit.

Fühlen sich Personen mit histrionischem Stil nicht ernst genommen, können sie aufgrund minimaler Anlässe (jemand schaut auf die Uhr, während die Person spricht) massiv »ausrasten«, etwa: »Du hörst mir ja überhaupt nicht zu, du hörst mir ja nie zu! Da kann ich ja gleich mit der Wand reden.«

Personen mit histrionischem Persönlichkeitsstil tun viel dafür, um für andere wichtig zu sein: Sie kleiden sich attraktiv, sind unterhaltsam und sind meist sozial hoch kompetent; sie können andere gut »einwickeln« und dazu bringen, viel für sie zu tun. In Manipulationen sind sie daher meist hoch effektiv, wodurch sie sehr oft ihre Ziele realisieren können. Sie können andere für sich einnehmen und »auf ihre Seite ziehen«. Sie schaffen es aber auch, andere einzuschüchtern und »auf Kurs zu bringen«.

Sind die Personen gleichzeitig narzisstisch, verfügen sie über ein sehr gutes und ausgefeiltes Arsenal an Möglichkeiten, sich darzustellen und andere für sich einzuspannen.

Die Person schafft es in Meetings, die ersten Minuten dafür zu nutzen, um über persönliche Erlebnisse ausführlich zu berichten und erwartet, dass ihr alle dabei uneingeschränkte Aufmerksamkeit schenken.

4.2 Beziehungsmotive

Das zentrale Beziehungsmotiv dieser Personen ist **Wichtigkeit:** Wichtigkeit bedeutet, dass die Person im Leben anderer Personen (vor allem: wichtiger anderer Personen) eine bedeutende Rolle spielen will. Sie möchte Signale erhalten wie: »Du bist eine Bereicherung für mein Leben.«, »Wir wollen gern mit dir zusammen sein.« etc.

Wichtigkeit   Wichtigkeit zeigt sich vor allem darin, dass man von anderen **Aufmerksamkeit** bekommt: Daher geht es Personen mit histrionischem Stil in ganz hohem Maße genau darum. Sie wollen, dass man sie beachtet, ihnen (aufmerksam) zuhört, sie wahrnimmt, sie ernst nimmt, sich mit ihnen auseinandersetzt usw.

Solidarität   Ein weiteres wichtiges Motiv für eine Person mit histrionischem Stil ist **Solidarität:** Sie will den Eindruck haben, dass andere an ihrer Seite sind und sie nicht im Stich lassen. Sie möchte Signale erhalten, dass sie Hilfe bekommt, wenn sie Hilfe braucht, Unterstützung erhält, wenn sie Unterstützung benötigt, dass sie verteidigt wird, wenn sie angegriffen wird etc.

4.3 Schemata

Ein histrionischer Stil oder eine histrionische Störung ist gekennzeichnet durch bestimmte Arten von Schemata, die wiederum bestimmte Konsequenzen für die Person selbst und für Mitarbeiter und Interaktionspartner haben.

4.3.1 Selbst-Schema

Typische Selbst-Schemata

Das zentrale Selbst-Schema einer Person mit histrionischem Stil ist: »Ich bin nicht wichtig.« dieses Schema enthält weitere Annahmen wie:

- Ich spiele im Leben anderer keine Rolle.
- Ich habe anderen nichts zu bieten.
- Ich bin für andere uninteressant.

Manchmal auch:

- Ich belästige oder belaste andere.

Letzteres bezeichnen wir als »Toxizitätsschema«, weil es die Annahme enthält, die Person könne anderen schaden.

4.3.2 Beziehungsschemata

Typische Beziehungsschemata

Personen mit histrionischem Persönlichkeitsstil weisen charakteristische Beziehungsschemata auf mit Annahmen wie:

- In Beziehungen wird man ignoriert, nicht wahrgenommen.
- In Beziehungen wird man nicht ernst genommen.
- In Beziehungen erhält man keine Aufmerksamkeit.
- In Beziehungen kümmert sich keiner um einen.

■   Konsequenzen für die Person

»Hyperallergische Reaktionen«

Die Person interpretiert aufgrund der Schemata schon kleine Signale (jemand schaut auf die Uhr oder ist einen Moment lang unaufmerksam) als Anzeichen dafür, ignoriert zu werden, und reagiert darauf schnell beleidigt oder gekränkt: Die Schemata sind »hyperallergisch«: Kleine Signale (vom Interaktionspartner meist gar nicht bemerkt) lösen massive Reaktionen aus!

Die Person hat daher oft und schnell den Eindruck, anderen nicht wichtig zu sein, keine Aufmerksamkeit zu erhalten, nicht ernst genommen zu werden; sie nimmt solche Interpretationen auch vor, wenn »objektiv« kein Anlass dazu besteht.

Die Person nimmt dagegen deutliche Signale von Wichtigkeit gar nicht wahr: Sie entwickelt kein Vertrauen darin, eine Bedeutung für andere zu haben.

Kleine Komplimente oder auch ein positives Feedback im beruflichen Kontext werden schnell überhört, wenn dies nicht ganz explizit und klar formuliert wird. Dies löst bei der Person wiederum Ärger aus, indem beispielsweise die Annahme »Ich bin uninteressant« getriggert wird.

- **Konsequenzen für Mitarbeiter**

Mitarbeiter können die Schemata leicht triggern, etwa durch Handlungen, die sie selbst als unbedeutend und »harmlos« einschätzen. Daher nehmen sie manchmal die Kränkung der Person zwar wahr, wissen aber gar nicht, was genau sie getan haben (»sie sind sich keiner Schuld bewusst«).

Die leichte Kränkbarkeit einer Person mit histrionischem Stil kann Mitarbeiter (stark) verunsichern und vorsichtig machen, was die Kommunikation empfindlich stören kann. Da die Beziehungsebene viel Aufmerksamkeit erfordert, wird oft (stark) von der Inhaltsebene abgelenkt.

4.3.3 Normative Schemata

Da Personen mit histrionischem Stil annehmen, für andere als Person nicht wichtig zu sein, entwickeln sie die Annahme, **dass sie sich wichtigmachen müssen.**

Auf diese Weise entstehen normative Schemata der Art: Typische normative Schemata
- Mach dich für andere wichtig!
- Ziehe aktiv Aufmerksamkeit auf dich!
- Verschaffe dir Respekt!
- Sieh zu, dass du ernstgenommen wirst!

Aber auch:
- Sei die Wichtigste!
- Stehe im Mittelpunkt!

- **Konsequenzen für die Person**
- Die Person hat ständig den Eindruck, dass sie aktiv etwas **tun** muss, um sich wichtig zu machen.
- Damit hat sie den Eindruck, dass immer »action« notwendig ist; sie kann nicht »einfach da sein«, sie ist immer gefordert.
- Das ist für die Person (hochgradig) anstrengend: Sie muss   Strategien sind anstrengend
immer darauf achten, wie andere auf sie und auf ihre Handlungen reagieren. Daher hat sie eine stark »externale Perspektive« und »scannt« Interaktionspartner ständig in Hinblick auf ihre Reaktionen.
- Sie kann damit in Interaktionen nicht gelassen und entspannt sein.
- Andererseits verschafft die Person sich durch die Aktionen auch viel Aufmerksamkeit: Ihr Verhalten wird also immer wieder durch die Reaktion anderer verstärkt.

4.3.4   Regel-Schemata

Personen mit histrionischem Persönlichkeitsstil definieren viele und oft massive Erwartungen an Interaktionspartner, d. h. sie setzen **Regeln**. Auch sie glauben, dass sie berechtigt sind, diese Regeln zu setzen, und dass sie berechtigt sind, die Personen, die die Regeln nicht befolgen, zu bestrafen (und das tun sie dann auch!).

Typische Regeln sind:

— Man hat mich unbedingt zu beachten, mir Aufmerksamkeit zu geben!

— Andere haben mich ernst zu nehmen!

— Andere haben mir zuzuhören und sich mit mir auseinanderzusetzen!

— Andere haben sich um mich zu kümmern!

■ **Konsequenzen für die Person**

— Die Person findet solche Erwartungen absolut legitim und findet, es stünde ihr zu, dass andere diese Erwartungen erfüllen. Daher setzt sie die Regeln »ganz selbstverständlich«.

— Manchmal geht sie auch davon aus, die anderen müssten diese Regeln erschließen oder »telepathisch erfassen« können: Die Person macht die Regel nicht deutlich, erwartet aber dennoch, dass andere sie befolgen.

— Und die Person kann (sehr!) ärgerlich reagieren, wenn ihre Regeln missachtet werden: Sie »macht andere zur Schnecke«, wenn sie »ignoriert« wird oder wenn sie sich nicht ernst genommen fühlt.

— Die Person »scannt« ihre Umwelt auch stark danach ab, ob andere ihre Regeln befolgen; damit ist sie stark auf eine Außenperspektive konzentriert und kann eigene Bedürfnisse, Wünsche oder Affekte weniger gut wahrnehmen.

— Da Interaktionspartner (langfristig) negativ auf (starkes) Regel-Setzer-Verhalten reagieren, erzeugt sie damit für sich selbst deutliche interaktionelle Kosten.

Eine Person bat um ein Coaching, weil der Betriebsrat im Unternehmen so schwierig sei und sie sich Tipps erwartete, wie sie mit diesem besser zurechtkommen könnte.

Im Prozess ergab sich dann, dass sie davon ausging, sofort eine Antwort zu erhalten, wenn sie mit einem Anliegen beim Betriebsrat vorsprach, und zwar genau in dem Sinne, in dem sie sich die Antwort wünschte. Andernfalls konnte sie sehr ausfällig werden, was seitens des Betriebsrates zu einer Art Hinhaltetaktik als Reaktion auf ihr Verhalten führte.

Marginalien:
Typische Regel-Schemata

Telepathie-Annahme

Interaktionelle Kosten

Beispiel

Die Bewusstmachung ihres Anteils am Prozess war entscheidend im Coachingprozess. Dies ermöglichte es ihr, das eigene Verhalten zu modifizieren.

■ **Konsequenzen für Mitarbeiter**

━ Mitarbeiter werden durch die ärgerlichen Reaktionen oft zunächst eingeschüchtert und tun, was die Person will.

━ Längerfristig löst das (als unangemessen oder »unverschämt« eingeschätzte) Verhalten jedoch Widerstand und Ärger aus: Man will sich das nicht länger gefallen lassen.

━ Die Person macht sich unbeliebt, wird gemieden; oft trauen sich Mitarbeiter jedoch nicht, sich offen zur Wehr zu setzen – also sabotieren sie indirekt.

━ Nimmt die Person solche Aktionen wahr, kann dies einen   Teufelskreis
Teufelskreis auslösen: Sie fühlt sich noch weniger ernst genommen, empfindet ihre Regeln als noch stärker verletzt – und macht noch mehr Druck; das erhöht den »Gegendruck« der Mitarbeiter usw.

Eine Führungskraft trat gegenüber Kollegen, Mitarbeitern und   Beispiel
Vorgesetzten gleichermaßen prägnant in ihrer Beschreibung von Situationen und Personen auf.

Sie überzeichnete Bilder sehr stark, konstruierte Schwarz-weiß-Bilder und ließ wenig Widerspruch in Bezug auf ihre Ansicht zu. Sie schüchterte andere dadurch ein, zumal sie auch sehr eloquent war. Als es um eine Nachfolgeregelung für die Position ihres Chefs ging, übersah man sie. Sie fühlte sich nicht gesehen, nicht wertgeschätzt und kündigte.

4.4 Manipulationen

Personen mit histrionischem Persönlichkeitsstil sind stark mani-   Hohe Manipulation
pulativ: Dazu nutzen sie in hohem Maße Dramatik und sie realisieren sowohl positive (also solche, die auf den Interaktionspartner zunächst positiv wirken) als auch negative Strategien (solche, die auf den Interaktionspartner zwar zwingend, aber nicht angenehm wirken).

4.4.1 Dramatik

Ein entscheidendes Kriterium des histrionischen Stils oder der   Hohe Dramatik
histrionischen Störung ist **Dramatik**: Die Person stellt sich oder

4

die geäußerten Inhalte dar, **sie inszeniert sich**, sie macht eine Show. Dabei übertreibt sie Emotionen (positive wie negative), macht »aus einer Mücke einen Dinosaurier«; und nutzt theatralische Darstellungen (gekonnte wie schlechte); **notfalls erfindet sie auch Inhalte, um damit Effekte zu erzielen.**

Damit kann ihr Handeln für einen Interaktionspartner (vor allem, wenn die Person es nicht wirklich kann) schnell unecht, wenig authentisch, gekünstelt, überzogen wirken: Freundlichkeit wirkt ebenso unecht wie Weinen.

Die Person wird auch schnell als grenzüberschreitend erlebt: Sie kommt einem zu nah, ist »zu freundlich«, »zu vertraut« o. Ä.

4.4.2 Positive Strategien

Positive Strategien dienen dazu, vom Interaktionspartner Aufmerksamkeit zu erlangen, aber auch dazu, ihn zu Handlungen zu verleiten, die er von sich aus nicht tun würde. Positive Strategien sind solche, die (zunächst einmal) auf den Interaktionspartner positiv wirken, die er angenehm finden kann, die seine Bedürfnisse befriedigen oder seinen Erwartungen entgegenkommen. Solche Strategien wirken aber nur so lange positiv, bis der Interaktionspartner sich ausgebeutet oder manipuliert fühlt.

Typische positive Strategien

Positive Strategien sind z. B.:
- unterhaltsam sein: Geschichten spannend erzählen können (Dramatik!), die Aufmerksamkeit anderer fesseln können;
- sich selbst in sehr positivem Licht darstellen: als freundlich, zugewandt, verständnisvoll etc.;
- gut Smalltalk machen können;
- anziehend sein, gut aussehen, attraktiv gekleidet sein;
- flirten können, erotische Ausstrahlung haben;
- den Interaktionspartner einwickeln durch Schmeicheln, Komplimente, auf Wünsche eingehen etc.

4.4.3 Negative Strategien

Negative Strategien sind für Interaktionspartner zwingend: Sie haben den Eindruck, dass sie handeln müssen (aufgrund ihrer eigenen Normen). Sie handeln jedoch nicht gerne, die ganze Aktion ist ihnen im Grunde eher unangenehm. Negative Strategien sind deshalb so zwingend, weil sie bestimmte Normen beim Interaktionspartner Normen ansprechen, die ihn in bestimmten Situationen zum handeln zwingen. Daher sind negative Strategien für den Interaktionspartner nicht angenehm, er handelt lediglich »aus schlechtem Gewissen« heraus.

Negative Strategien sind z. B.:

Typische negative Strategien

- sich als schwach, hilflos, unwissend, verloren etc. darstellen;
- sich als leidend, als Opfer, als schlecht, ungerecht behandelt etc. darstellen;
- Symptome produzieren wie Kopfschmerzen, Übelkeit, Schwäche-Anfälle, Ängste, Depressionen etc.

Diese Strategien sind gut gezielt und dosiert angewandt in aller Regel sehr effektiv.

- **Konsequenzen für die Person**
- Dramatik eignet sich hervorragend dazu, beim Interaktions-partner Wirkungen zu erzielen und manipulativen Spielen den richtigen »Biss« zu verleihen. Daher ist Dramatik das zentrale Handlungsmittel von Personen mit histrionischem Stil.
- Personen, die kompetent manipulieren, verwenden überwie-gend positive Strategien: Diese verärgern Interaktionspartner erst nach längerer Zeit, nämlich dann, wenn diese sich aus-genutzt und »gegängelt« fühlen. Erfolgreiche Personen mit histrionischem Persönlichkeitsstil können aber auch (für den Notfall) negative Strategien realisieren, die schnell und effek-tiv wirken (allerdings in höherer Dosis Interaktionspartner schnell verärgern!).

Kompetente Manipulation

- Weist die Person keinen Stil mehr, sondern schon eine Stö-rung auf, dann manipuliert sie meist sehr stark und Inter-aktionspartner haben über kurz oder lang den Eindruck, zu kurz zu kommen. Damit erzeugt die Manipulation hohe interaktionelle Kosten.

Wann »das System umschlägt«, der Interaktionspartner also nicht mehr komplementär, sondern ärgerlich reagiert, hängt ab

- von der »Dosis« der Manipulation,
- von der Empfindlichkeit des Interaktionspartners: Manche Personen lassen sich lange manipulieren (z. B. solche mit dependentem Stil), andere reagieren schnell allergisch (z. B. solche mit narzisstischem Stil).

Im Coachingprozess berichtete eine Person, dass es ihr häufig körperlich schlecht ginge, man aber keine physiologische Ursache finden konnte.

Beispiel

4

Im Laufe des Gespräches kristallisierte sich heraus, dass bei der Person immer dann, wenn sie in unangenehmen Situationen war oder mit unangenehmen Aspekten ihrer Person konfrontiert wurde – wie im Coachingprozess – körperliche Reaktionen auftraten. Durch diese Beschwerden wie Rückenschmerzen, Magenschmerzen oder leichte Lähmung der linken Gesichtshälfte, konnte sie diesen Situationen normalerweise ausweichen. Denn wer konfrontiert schon eine Person weiter mit unangenehmen Überlegungen, wenn es ihr nicht gut geht.

Durch das Aufdecken und Besprechen der Strategie, die völlig unbewusst auftrat, konnten die Beschwerden stark reduziert werden.

- **Konsequenzen für Mitarbeiter**
- Interaktionspartner lassen sich meist von Dramatik und entsprechenden Strategien erst einmal beeindrucken – und damit auch fast immer (zunächst einmal) manipulieren.
- Viele Interaktionspartner stellen jedoch schon recht früh »Störgefühle« fest (die sie jedoch meist noch nicht ernst nehmen): Das Handeln wirkt auf sie unecht, übertrieben; sie tun etwas, was sie »eigentlich« gar nicht wollen, sie fühlen sich in der Interaktion unwohl etc.

Zu starke Manipulation erzeugt Kosten
- Hält die Manipulation an, nehmen die Störgefühle zu: Die Interaktionspartner werden unzufrieden, genervt, sind »die Show leid« etc. Es bildet sich eine Tendenz, sich nicht mehr beeindrucken und beeinflussen lassen zu wollen. Oft können sich Mitarbeiter aber nicht offen wehren, sondern greifen zu Mitteln wie indirekte Sabotagen oder Intrigen.

4.5   Was kann die histrionische Person zur Verbesserung der Kommunikation tun?

Auch hier kann man einem histrionischen Chef oder einer Chefin ein paar Ratschläge geben:
- Erkennen Sie Ihre histrionische Struktur und machen Sie sich bewusst, dass die Annahmen, nicht wichtig zu sein und in Beziehungen keine Aufmerksamkeit zu bekommen, **Schemata** sind und dass dies meist nicht der Realität entspricht.
- Machen Sie sich immer wieder klar, **dass Sie für andere wichtig sind,** und denken Sie darüber nach, welche Signale von Wichtigkeit Sie von wem wie oft bekommen! Machen Sie sich aber auch klar, dass man für andere nur dann wichtig bleibt, wenn man auch dem anderen Wichtigkeit zubilligt: **Wichtig-**

keit ist keine »Einbahnstraße«, sondern ein Interaktionsprozess.

- Daher zeigen Sie auch Ihren Mitarbeitern, dass Sie sie ernst nehmen, ihnen zuhören, sich bemühen, sie zu verstehen; geben Sie ihnen Aufmerksamkeit und Wertschätzung.

- Kontrollieren Sie des Weiteren Ihre Tendenz zur Dramatik und dazu, immer im Mittelpunkt zu stehen: Erstens haben Sie das nicht nötig, Sie werden auf keinen Fall übersehen! Und zweitens sollten Sie auch anderen Raum geben.

- Verlangen Sie nicht zu viel von anderen: Niemand kann Ihnen immer die Aufmerksamkeit geben, die Sie sich vielleicht wünschen; niemand kann Ihnen immer konzentriert zuhören. **Seien Sie nachsichtig**: Menschen sind auch mal müde, genervt, abgelenkt, unkonzentriert – das hat aber nichts mit Ihnen zu tun! Und denken Sie daran: Andere können nur Ihre Erwartungen erfüllen, wenn sie sie kennen: Also werden Sie das, was Sie sich von anderen wünschen, den anderen wohl mitteilen müssen! Selbst wenn jemand Sie sehr ernst nimmt, macht ihn das nicht zum Hellseher!

Empathie ist hilfreich

4.6 Was können Mitarbeiter tun?

4.6.1 Komplementarität

Auch zum histrionischen Stil kann man sich komplementär verhalten: Man kann die Person sehr ernst nehmen und deutlich machen, dass man ihr aufmerksam zuhört und sich mit ihr auseinandersetzt. Man kann sich beeindruckt zeigen, der Person Komplimente machen, deutlich machen, dass die Person und die geäußerten Inhalte eine Bereicherung für die Konferenz sind; man kann die Person um ihre Meinung bitten; man kann deutlich machen, dass man sie beim letzten Mal vermisst hat und sich freut, dass sie heute wieder anwesend ist.

Komplementäre Beziehungsgestaltung

Wichtig ist: Man sollte das alles **explizit sagen**. Und: Man kann es nicht oft genug sagen. Macht die Person deutlich, dass sie sich ignoriert fühlt, dann gibt man ihr beispielsweise eine Zeit lang besondere Aufmerksamkeit.

4.6.2 Ja-aber-Strategien

Man muss Personen mit histrionischem Stil jedoch auch begrenzen und gelegentlich wird man auch gegen ihre Regeln verstoßen und sie verärgern. In solchen Fällen sind Ja-aber-Strategien hilfreich.

Im Ja-Teil der Aussage verhält man sich komplementär, im Aber-Teil dagegen begrenzend und steuernd. Will man die Person begrenzen, kann man z. B. sagen: »**Ja**, ich sehe, Sie haben noch sehr wichtige Dinge zu sagen und wir würden alle diese gerne hören – **aber** leider müssen wir auch noch andere zu Wort kommen lassen – dafür haben Sie sicher Verständnis?«

Tut man etwas, was die Person verärgert hat, dann wendet man eine Modifikation der »Ja-aber-Strategie« an: Man kann z. B. sagen: (Ja) »Ich merke, ich habe etwas gesagt, was Sie verärgert hat – es tut mir sehr leid, dass dies bei Ihnen so angekommen ist.« – (Aber) »Was ich eigentlich meinte, war …«.

Zwanghafter Stil

Rainer Sachse, Annelen Collatz

R. Sachse, A. Collatz, *Spaß an der Arbeit trotz Chef*,
DOI 10.1007/978-3-662-46751-0_5, © Springer-Verlag Berlin Heidelberg 2015

Personen mit zwanghaftem Stil sind vor allem für Aufgaben geeignet, die hohe Genauigkeit, Achten auf Details und Einhalten von Regeln erfordern: Interaktionell sind diese Personen meist schwierig. Wir zeigen, warum und was man tun kann.

5.1   Allgemeine Charakteristika

Eine Person mit zwanghaftem Stil ist stark normorientiert: Sie hat feste Vorstellungen, wie sie sein sollte, was sie tun sollte und was nicht oder wie Dinge zu funktionieren haben.

Aufgrund dieser klaren Vorstellungen ist sie relativ unflexibel; sie ist stark kontrollorientiert, sowohl sich selbst als auch anderen gegenüber. Ihre Gefühle sind ebenfalls der ständigen Kontrolle unterworfen, wodurch sie oft gehemmt und »hölzern« sowie eher ernst und relativ humorlos wirkt.

Sie hat außerdem starke Normen, an die sie sich selbst hält; und sie erwartet von anderen, dass sie diese ebenfalls einhalten.

Unflexibilität

Eine Person mit zwanghaftem Persönlichkeitsstil lässt kaum »Ausnahmen« zu und sie kann auch nicht mal »fünfe gerade sein« lassen.

Distanz

Diese Person gibt wenig von sich selbst preis und hält Interaktionspartner auf Distanz; es ist schwierig, eine persönliche Beziehung zu ihr aufzubauen.

Probleme analysiert sie lange, sie will keine Fehler machen und trifft daher keine schnellen Entscheidungen. Sie kann schlecht Arbeit delegieren und neigt dazu, sich »in Details zu verzetteln«. Sie misstraut Neuerungen und möchte eher bei bewährten Methoden bleiben.

Eine Person mit zwanghaftem Stil versucht, Risiken möglichst zu vermeiden und hätte gerne sehr ein hohes Maß an Sicherheit. Ihre Stärke liegt in der Planung und in der Beachtung von Details, weniger in Spontanität und in »großen Entwürfen«.

5.2   Beziehungsmotive

Autonomie

Da Personen mit zwanghaftem Stil in ihrer Biografie meist stark reglementiert wurden, weisen sie ein **hohes Autonomie-Motiv** auf. Obwohl sie sich selbst stark kontrollieren, wollen sie **nicht von außen** reglementiert werden und reagieren meist ärgerlich auf Bevormundung. Schränkt man ihre Freiheit ein, neigen sie dazu, reaktant zu werden, also Anweisungen »extra nicht« auszuführen.

Sie weisen auch ein **hohes Anerkennungsmotiv** auf, d. h. sie wollen gelobt werden, wollen positives Feedback über ihre Person erhalten; unglücklicherweise machen es ihnen dann aber ihre hohen Normen schwer, das Lob auch wirklich anzunehmen. So geraten sie häufig in ein Dilemma: Vom Motiv her freuen sie sich über das Lob, aber ihre Normen sagen, »dass sie das Ganze ja eigentlich nicht um des Lobes willen tun sollten«.

Anerkennung

5.3 Schemata

Ein zwanghafter Stil oder eine zwanghafte Störung ist wiederum durch charakteristische Arten von Schemata gekennzeichnet.

5.3.1 Selbst-Schemata

Personen mit zwanghaftem Stil weisen meist (sehr) negative Selbst-Schemata auf mit Annahmen wie:

Typische Selbst-Schemata

- Ich bin als Person nicht o.k.
- Ich habe negative, unangenehme, toxische Eigenschaften.
- Ich habe wenige Kompetenzen und Fähigkeiten.
- Ich kann durch eigenes Handeln in der Realität wenig bewirken.
- Ich habe wenig Kontrolle über die Umwelt.

- **Konsequenzen für die Person**
- Die Person hält im Grunde wenig von sich und hat damit auch nicht viel Vertrauen in die eigenen Fähigkeiten. Sie versucht jedoch in hohem Maße, das nach außen nicht zu zeigen und es durch ein gutes »Image« zu tarnen.
- Die Person glaubt auch, dass sie im Grunde wenig ausrichten kann: Sie kann wenig bewegen, wenig kontrollieren und fühlt sich daher eher ausgeliefert. **Ihre Selbst-Effizienz-Erwartung ist gering.** Aber auch das lässt sie sich nicht anmerken: Nach außen wirkt sie recht sicher und bestimmt.

Geringe Selbst-Effizienz-Erwartung

Diese Einschätzungen sind die Ursache für die Entwicklung **starker Kompensationsbemühungen** und vor allem für die Entwicklung von **Kontrollstrategien.**

5.3.2 Beziehungsschemata

Typische Beziehungsschemata

Die Beziehungsschemata bei Personen mit zwanghaftem Stil sind (sehr) negativ:
- Beziehungen sind kalt und unsolidarisch.
- In Beziehungen wird man (moralisch) bewertet und (massiv) abgewertet.
- In Beziehungen erhält man keine Unterstützung.
- In Beziehungen wird man eingeschränkt und kontrolliert.

■ **Konsequenzen für die Person**

Die Person hält nicht viel von Beziehungen: Da sie aber Beziehungen (wie alle anderen) braucht, ist sie hoch ambivalent.

Misstrauen

Sie geht **misstrauisch** an Beziehungen heran und glaubt, dass sie sich nicht auf Beziehungen verlassen kann. Sie kann Beziehungen zu anderen genauso wenig Vertrauen entgegenbringen, wie sich selbst gegenüber.

■ **Konsequenzen für Mitarbeiter**
- Mitarbeiter nehmen schnell das große Misstrauen wahr: Sie fühlen sich dadurch oft »zu Unrecht verdächtigt«, aber auch abgewertet und missachtet.
- Mitarbeiter haben oft den Eindruck, »nicht an die Person heranzukommen«: Trotz aller Bemühungen verbessert sich die Beziehung kaum. Dieses Problem ist meist noch deutlich ausgeprägter als bei Personen mit narzisstischem Stil. Man hat den Eindruck, der Eiskönigin gegenüber zu stehen.

5.3.3 Normative Schemata

Personen mit zwanghaftem Stil weisen meist (sehr) viele und **rigide Norm-Schemata** auf, die für die Person absolut verbindlich sind. Diese Schemata dienen in hohem Maße dazu, die negativen Selbst-Schemata, aber auch die Beziehungsschemata zu kompensieren. Sie bilden oft ein »Korsett«, aus dem sich die Person nicht befreien kann.

Typische normative Schemata

Solche Normen sind z. B.:
- Mache alles richtig, mache auf keinen Fall Fehler!
- Kontrolliere dich und dein Handeln!
- Halte dich an moralische Grundsätze und an Vorschriften – dann bist du auf der sicheren Seite!
- Kontrolliere auch andere, denn ihre Fehler könnten auf dich zurückfallen!

- Lass keine kleinen Abweichungen von Standards zu, denn sie könnten zu Katastrophen werden. Lass keine Ungenauigkeiten zu!
- Handle auf keinen Fall spontan, plane und prüfe! Erst prüfen, dann handeln!
- Kontrolliere Emotionen, denn unkontrollierte Emotionen führen zu gefährlichem Handeln!
- Verlass dich nur auf dich selbst und nicht auf andere!
- Gib so wenig wie möglich und nur so viel wie nötig von dir preis. Jede Information, die du gibst, kann gegen dich verwendet werden!

- **Konsequenzen für die Person**

Die Person empfindet die Normen oft selbst als einschränkend, sie hat aber den Eindruck, dass sie diese braucht, weil das Leben sonst zu gefährlich wäre – daher glaubt sie auch, die Kosten in Kauf nehmen zu müssen.

Um Fehler zu vermeiden setzt die Person hohe und rigide Standards und kann (selbst unter Zeitdruck, unter sozialem Druck etc.) nicht davon abweichen: Alles muss gewissenhaft und genau gemacht werden. Es ist praktisch in keinem Bereich möglich, »fünfe gerade sein zu lassen«.

Hohe Standards

Um Fehler zu vermeiden, muss man sich auch um alle Details kümmern: Man darf nichts unbeachtet lassen, nichts übersehen.

Fehler vermeiden

Die Person kann nicht delegieren, da sie anderen nicht zutraut, mit ähnlicher Sorgfalt zu arbeiten wie sie selbst – und wenn sie delegiert, dann prüft sie alles nach.

Die Person kann nur schwer Entscheidungen treffen, denn Entscheidungen enthalten immer Unsicherheiten – und Unsicherheiten sind gefährlich. Die Person ist daher hoch **lageorientiert**: Sie sammelt Informationen, reflektiert, wägt ab und kommt damit kaum ins Handeln.

Hohe Lageorientierung

Die Person ist in bestimmten Bereichen sehr gut, da sie genau, zuverlässig und pedantisch ist. Damit ist sie aber auch unflexibel und unkreativ. Sie kann sich veränderten Situationen nur schwer anpassen und sich kaum auf Neues einlassen.

Spontanes Handeln, Handeln nach Bedürfnissen u. Ä. sind gefährlich; Bedürfnisse spielen eher keine Rolle – wichtig ist das Einhalten von Vorschriften. Daher kennen Personen mit zwanghaftem Stil ihre Motive sehr schlecht; sie weisen ein **extrem** hohes Maß an Alienation (eine Entfremdung von ihrem Motiv-System) auf.

Die Person realisiert meist eine **rigide Emotionskontrolle**: Emotionen müssen in hohem Maße kontrolliert werden, spontane

Rigide Emotionskontrolle

»Emotionsausbrüche« sind gefährlich und nicht zulässig. Daher wirkt sie oft »hölzern«, humorlos, »gehemmt«, wenig sozial reagibel, roboterhaft.

Die Person realisiert eine »Flucht in die Autonomie«: Da sie sich auf niemanden sonst verlassen kann, ist es wichtig, dass sie unabhängig bleibt und sich auf sich selbst verlassen kann (was sie tatsächlich aber auch nicht kann).

Außerdem bleibt sie gegenüber anderen stark auf Distanz: Sie vertraut anderen nicht, lässt sich nur unter Vorbehalt auf Beziehungen ein, gibt wenig von sich preis. Dadurch entsteht keine Nähe, keine Vertrautheit, kein Gefühl von Verbundenheit.

Beispiel

In der Auftragsklärung antwortete ein Coachee auf die Frage, was sein Ziel für den Begleitungsprozess sei: Er möchte besser werden in Bezug auf Zeit- und Selbstmanagement.

Die Vertiefung ergab, dass die Person im Arbeitsalltag zeitlich nicht mehr hinterher kam, da so viele Akten und Unterlagen auf die Bearbeitung warteten. Die Diskussion und praktische Erprobung von den bekannten Zeit- und Selbstmanagementtechniken ergab keine Verbesserung.

Der Vorschlag, alle Unterlagen, in die er seit zwei oder mehr Jahren nicht mehr hineingesehen hätte, in einen großen, verschließbaren Aktenvernichter zu werfen, versetzte ihn in helles Entsetzen.

Es stellte sich heraus, dass die Person befürchtete, der Vorstand könne auf Akten zurückgreifen wollen bzw. dies von ihm erwartete, die mehr als 15 Jahre zurücklagen. Das Argument, dass der Vorstand mittlerweile schon mindestens dreimal gewechselt hatte, erreichte ihn gar nicht. Die Angst, womöglich einen Fehler zu machen, war zu dominant. Die einzige gangbare Variante für ihn war, in kleinen Schritten den Aktenberg abzutragen.

Durch die Fehlervermeidungskultur, die diese Person hatte, blieb ihr keine Möglichkeit, die eigene Abteilung durch neue Ideen voranzubringen. Somit konnte sie ihr eigentliches Potenzial nur bedingt einsetzen.

Konsequenzen für Mitarbeiter
- Mitarbeiter haben oft den Eindruck, dass der Person ein »großer Entwurf«, eine »Leitidee« fehlt; die Person verliert sich in Details, ohne dass ein Sinn erkennbar wird.
- Die Person wirkt auf andere nicht charismatisch, nicht »mitreißend«, wenig motivierend, eher langweilig und wenig kreativ. Die Person kann Mitarbeiter nicht »begeistern«, kann keine »Ideen vorgeben«, keine »Leitbilder entwickeln«.

- Die Orientierung an Details und das Beharren auf Standards wirken auf Mitarbeiter nervig, kleinkariert, engstirnig und hinderlich.
- Die starke Kontrolle wirkt abwertend und löst (starke) Widerstände aus: Können die Mitarbeiter sich nicht wehren, führt dies zu indirekter Sabotage.

Starke Kontrolle

- Die fehlende Flexibilität behindert die Arbeit und beeinträchtigt die Ergebnisse: Eine Anpassung an Erfordernisse ist kaum möglich, das Erreichen größerer Ziele kann gefährdet sein. Wenn man einen Chef mit zwanghaftem Persönlichkeitsstil unterbricht, da man schnell eine Entscheidung benötigt, kann es passieren, dass er sich den ganzen Vorgang bis ins Detail ansehen will, um sich nach allen Seiten abzusicher. Das kostet aus Mitarbeiter-Perspektive unnötig Zeit, da es aus dessen Sicht gar nicht nötig wäre.

Unflexibilität

- Die Person wirkt steif, unnahbar: Es ist trotz aller Bemühungen nicht möglich, ein Vertrauensverhältnis aufzubauen. Selbst wenn man sich bemüht, alles richtig zu machen, werden die Kontrollen nicht weniger.
- Eine offene Kommunikation findet kaum noch statt: Fehler werden nicht mehr eingestanden und korrigiert, sondern vertuscht, die Kreativität wird gedämpft, Innovationen werden nicht mehr entwickelt. Daraus resultiert »Dienst nach Vorschrift«.

5.3.4 Regel-Schemata

Personen mit einem zwanghaften Persönlichkeitsstil haben meist Regel-Schemata, die besagen, dass andere so handeln sollten, wie die Person, und sich an die gleichen Regeln und Vorschriften zu halten haben. Solche Regeln sind z. B.:

Typische Regel-Schemata

- Andere sollten so denken und handeln wie ich!
- Andere sollen allgemeine Regeln und Vorschriften einhalten!
- Andere sollen meine Vorstellungen nicht infrage stellen!

Die Person mit zwanghaftem Stil stellt dabei (bei Bedarf) »man-bezogene« Regeln auf:

- Man geht nicht bei Rot über die Ampel!
- Man hat in der Stadt 50 km/h zu fahren!
- Man hat Vorschriften auf den Punkt zu befolgen!

Diese Personen sind davon überzeugt, dass sie dazu berechtigt sind, andere auf die Einhaltung dieser Regeln zu verpflichten, andere für die Nichteinhaltung zu strafen und anderen Regeln »beizubringen« (z. B. in der Stadt weit links und nur 45 km/h zu fahren, um andere Verkehrsteilnehmer zu »erziehen«).

In bestimmten Berufen kann ein zwanghafter Persönlichkeitsstil durchaus hilfreich und förderlich sein, so bei allen Tätigkeiten, in denen Genauigkeit, Exaktheit und das Einhalten von Abläufen, Prozessen oder Regeln erforderlich ist, wie beispielsweise bei buchhalterischen oder Controllingtätigkeiten. Ist es für den Erfolg im Beruf aber unabdingbar, flexibel zu sein und sich auf neue Situationen unkompliziert einstellen zu können, ist ein zwanghafter Stil hinderlich.

■ **Konsequenzen für die Person**

Regeln haben wichtige Funktionen für eine Person mit zwanghaftem Stil:

Regeln haben Funktionen

— Zunächst erklärt sie die eigenen Standards als allgemein gültig. Dies ist ein Akt der Fremdtäuschung, aber auch ein Akt der Selbsttäuschung, denn die eigenen Standards **sind nicht** allgemein verbindlich! Dennoch zieht die Person daraus einen großen Vorteil: Wäre die allgemeine Gültigkeit zutreffend, würden alle den gleichen Standards folgen und würde niemand würde die Person und ihre Regeln infrage stellen. Regeln haben damit für die Person eine wichtige Schutzfunktion.

Konsequente Selbstbestätigung

— Aber auch dann, wenn nicht alle die Regeln einhalten, haben solche »allgemein gültigen« Standards einen Vorteil. Indem die Person diese Regeln einhält, erfüllt sie in ihren Augen wichtige Anforderungen. Und wenn andere diese nicht erfüllen, dann heißt das, **dass sie selbst besser ist als andere**. Damit haben die Regeln eine wichtige Funktion zur Selbstbekräftigung bis hin zur »Selbst-Beweihräucherung«: »Ich bin der erste Regel-Befolger!« Diese Strategie des »Ich bin besser als andere« braucht die Person, auch um ihre negativen Annahmen des Selbst-Schemas zu kompensieren.

Personen mit zwanghaftem Persönlichkeitsstil erwarten von ihrer Umgebung das strikte Einhalten von Regeln und Abläufen. Hat der Vorgesetzte aber beispielsweise einen narzisstischen Stil, kann dies zu enormen Konflikten führen. Beide Stile reden über die Einhaltung von Regeln, nur das der Narzisst diese permanent wieder verändert oder umwirft, was für eine Person mit zwanghaftem

Persönlichkeitsstil Stress bedeutet und diese massiv triggert. Das können Ursachen für massive Konflikte im Team sein!

■ **Konsequenzen für Mitarbeiter**
Mitarbeiter fühlen sich von den rigiden Regeln meist sehr schnell sehr stark eingeschränkt: Sie sehen den Sinn nicht ein und akzeptieren nicht, dass die Person das Recht haben sollte, solche Regeln aufzustellen; die Regeln erzeugen Widerstand und Reaktanz (»jetzt erst recht nicht!«).

Oft können Mitarbeiter jedoch nicht offen gegen die Regeln vorgehen, da dies massive, oft auch moralische Abwertung zur Folge hätte.

5.4 Was eine Person mit zwanghaftem Stil tun kann, um die Kommunikation zu verbessern.

Man kann auch einer Person mit zwanghaftem Stil Ratschläge geben; es wird ihr allerdings recht schwer fallen, diese umzusetzen.

Das System ist stark änderungsresistent

Hat die Person eine zwanghafte **Persönlichkeitsstörung**, werden Ratschläge nicht ausreichen: Die Person ist dann meist so stark von der Richtigkeit ihres Vorgehens überzeugt, dass sie keine Ratschläge annimmt.

Dennoch kann man auch als Person mit zwanghaftem Stil versuchen, sich Vorschläge zu Herzen zu nehmen:

- Machen Sie sich klar, dass Ihre Vorstellungen von Regeln und Standards **Ihre** Vorstellungen sind und dass viele Menschen andere Vorstellungen haben.
- Machen Sie sich klar, dass Sie auf die Kooperation mit anderen angewiesen sind und dass Sie deshalb einen Modus »friedlicher Koexistenz« anstreben sollten.
- Versuchen Sie deshalb zu akzeptieren, dass andere weniger genau sind, sich weniger für Details interessieren etc. Falls Sie Angst haben, daraus resultierende Fehler könnten auf Sie zurückfallen, versuchen Sie, sich entsprechend abzusichern.
- Ihre Mitarbeiter wollen einen Menschen als Chef: Versuchen Sie, Kontakte aufzunehmen, und versuchen Sie, die anderen zu verstehen. Gehen Sie auf die anderen so weit ein, wie Sie es können.
- Lassen Sie den anderen ihre eigenen Standards; Sie tun sich keinen Gefallen, wenn Sie andere ständig bevormunden.

Der geneigte Leser, der sich gern mit dem überzeichneten Bild einer zwanghaften Person auseinandersetzen möchte, sollte sich die Kriminalserie »Monk« ansehen.

5.5   Was können Mitarbeiter tun?

In der Regel ist es sehr hilfreich, wenn Mitarbeiter die Struktur ihres Chefs mit zwanghaftem Stil verstehen: Wenn sie sich klarmachen, dass der Chef das alles nicht macht, weil es ihm Spaß macht oder weil er seine Mitarbeiter ärgern will, sondern weil er nicht anders kann, und dass er sich, bei aller scheinbaren Selbstgerechtigkeit, selbst wie in einem Käfig fühlt, den er aber nicht verlassen kann. Erkennt man dies, kann man der Person einiges nachsehen und muss sich über viele Handlungen nicht mehr ärgern.

Als Mitarbeiter sollte man versuchen, die Probleme offen anzusprechen und zu thematisieren; indirekte Sabotage kann das Problem exponentiell verschlimmern. In aller Regel ist Transparenz ein gutes Mittel, um offen kommunizieren zu können.

Man sollte auch immer wieder deutlich machen, dass man davon ausgeht, dass man die Arbeit gut macht; dass man keine Kontrollen benötigt und dass man sich über etwas mehr Vertrauen freuen würde.

Es ist jedoch denkbar, dass man um eine Konfliktklärung mit einer höheren Leitungsebene nicht herumkommt.

Dependenter Stil

Rainer Sachse, Annelen Collatz

R. Sachse, A. Collatz, *Spaß an der Arbeit trotz Chef*,
DOI 10.1007/978-3-662-46751-0_6, © Springer-Verlag Berlin Heidelberg 2015

Der dependente Stil führt dazu, dass Personen nett, »pflegeleicht« und zugänglich erscheinen; sie selbst haben aber oft Probleme mit Abgrenzung und mit Entscheidungen. Wir erläutern das System und was man tun kann.

6.1   Allgemeine Charakteristika

Personen mit dependentem Stil weisen eine (starke) Befürchtung auf, dass Beziehungen nicht verlässlich und nicht stabil sind und dass sie daher jederzeit »gekündigt« werden können: Sie zeigen damit eine (starke) Angst, verlassen zu werden.

Aus diesem Grunde tun sie viel, um dies zu verhindern: Sie versuchen, sich für Interaktionspartner **unentbehrlich** zu machen und sie versuchen, diese nicht zu verärgern oder zu »vergraulen«.

Um sich unentbehrlich zu machen, versuchen sie, viel für Interaktionspartner zu tun: Sie versuchen zu erahnen, was diese von ihnen erwarten und bemühen sich, diese Erwartungen möglichst zu erfüllen: Personen mit dependentem Stil sind daher **erwartungsorientiert.**

Um andere nicht zu verärgern, bemühen sie sich, **Konflikte mit Interaktionspartner möglichst zu vermeiden:** Damit haben sie oft Schwierigkeiten sich abzugrenzen, »nein« zu sagen, anderen ihre Meinung zu sagen, anderen zu widersprechen oder anderen negatives Feedback zu geben.

Konfliktvermeidung

Solange die Person sich in einer Untergebenen-Funktion befindet, sind diese Probleme meist nicht so gravierend. Wird die Person jedoch (aufgrund ihrer Fachkompetenz) in eine Leitungsposition befördert, können schlagartig große Schwierigkeiten auftreten: Jetzt muss die Person mit Mitarbeitern in Konflikte gehen und Konflikte aushalten, was sie aber nur schwer oder gar nicht kann.

Erwartungsorientierung

Zu ihren Aufgaben gehört es nun, Mitarbeitern Anweisungen geben, ihnen die Meinung sagen oder bei Bedarf auch negatives Feedback zu geben, was ihr jedoch extrem schwerfällt. Aus diesem Grund kann sie ihre Führungsfunktion (trotz hoher Intelligenz und Kompetenz) oft nur relativ schlecht ausführen.

Entfremdung

Personen, die hoch erwartungsorientiert sind, kümmern sich stark um andere, aber nur unzureichend um sich selbst. Daher wissen sie kaum, was sie selbst wollen, was ihnen wichtig ist oder was sie nicht wollen: Sie haben nur eine schlechte Repräsentation eigener Motive, Ziele, Präferenzen oder eigener Abneigungen. Man bezeichnet dies als hohe »Entfremdung« vom eigenen Motivsystem.

Eine solche Entfremdung hat fast immer zur Folge, dass die Person in Entscheidungssituationen nicht weiß, wofür sie sich entscheiden soll: Sie denkt lange über das Für und Wider einzelner Alternativen nach (ist also hoch **lageorientiert**), ohne jedoch zu einem klaren Ergebnis zu kommen. Dadurch werden Entscheidungen verzögert oder manchmal unmöglich gemacht; ein Aspekt, der bei einer Person in einer Führungsposition zu Problemen führen kann.

Entscheidungsprobleme

Als Mitarbeiter sind Personen mit dependentem Persönlichkeitsstil meist freundlich und umgänglich. Sie nehmen schnell Kontakt auf, suchen Nähe und man kann mit ihnen schnell eine Beziehung aufbauen, sie sind hilfsbereit und verhalten sich meist solidarisch.

6.2   Beziehungsmotive

Das zentrale Beziehungsmotiv Personen mit dependentem Stil ist **Verlässlichkeit**. Sie wollen Signale von Interaktionspartnern, aus denen sie schließen können, dass diese »in der Beziehung bleiben werden«, dass die Beziehung stabil und überdauernd ist und dass die Beziehung belastbar ist – dass also Probleme, Konflikte und Auseinandersetzungen die Beziehung nicht gefährden.

Verlässlichkeit

Ein weiteres wichtiges Beziehungsmotiv ist **Solidarität**. Die Person will den Eindruck haben, dass ein Interaktionspartner im Ernstfall an ihrer Seite steht, ihr hilft, sie verteidigt, sie unterstützt, sich kümmert.

Solidarität

6.3   Schemata

6.3.1   Selbst-Schemata

Die Selbst-Schemata von Personen mit dependentem Stil enthalten vor allem Annahmen darüber, dass sie nicht in der Lage sind, andere an sich zu binden, dass ihnen dazu wichtige positive Eigenschaften fehlen. Dies sind Annahmen wie:

Typische Selbst-Schemata

- Ich habe anderen nichts zu bieten.
- Ich habe keine positiven Eigenschaften, die andere an mich binden.
- Wenn ich Probleme mache, gefährde ich die (Arbeits-)Beziehung.

Viele Personen mit dependentem Persönlichkeitsstil nehmen darüber hinaus auch beispielsweise noch an:
- Ich kann nicht alleine leben.
- Ich komme alleine nicht zurecht.
- Ich halte Alleinsein nicht aus.

Oder auch:
- Ich verprelle andere.
- Ich habe Eigenschaften, die andere von mir wegtreiben.

- **Konsequenzen für die Person**

Meist leiden die Personen selbst kaum noch unter den Schemata, sie haben sich ihrer Situation meist sehr stark angepasst und bemerken kaum, dass sie eine negative Selbsteinschätzung haben. Ihre Entfremdung vom eigenen Motivsystem ist ihnen in der Regel nicht bewusst.

Was sie allerdings bemerken, sind die Kosten: Sie nehmen wahr, dass ihnen Entscheidungen schwerfallen, dass sie Mühe haben, in Konflikte zu gehen etc. Solche Kosten nehmen sie aber in Kauf, weil sie hoffen, Beziehungen dadurch verlässlich machen zu können.

Beispiel

Ein Coachee trat mit der Frage an mich heran, welcher berufliche Weg und Abschluss seines Hochschulstudiums der beste sei. Er hatte ein Angebot einer namenhaften Beratungsgesellschaft, aber andererseits wollte er gern einer beruflichen Tätigkeit nachgehen, bei der er die Welt ein wenig besser machen würde. Der klassische Coachingansatz über eine Entscheidungsmatrix, bei der pro Alternative Pro und Contra aufgelistet wurde, führte zu keiner Entscheidung. Auf Fragen, was ihm für seine berufliche Tätigkeit wichtig sei, kam auch nach längerem Nachdenken nur eine unbefriedigende Antwort. Er fühlte oder spürte gar nicht, was für seine eigene berufliche Zufriedenheit ein relevanter Faktor sein könnte. Erst nach mehreren Sitzungen konnten wir das Thema aufklären, es wurde ein Mittelweg aus den beiden Alternativen.

Da ihm der Zugang zu eigenen Motiven und Bedürfnissen fehlte, erschwerte dies den Prozess und behinderte eine schnelle Entscheidungsfindung.

6.3.2 Beziehungsschemata

Typische Beziehungsschemata

Personen mit einem dependenten Persönlichkeitsstil weisen ausgeprägte Beziehungsschemata auf, die stark negative Annahmen aufweisen wie:

— Beziehungen sind nicht verlässlich.
— Man kann von anderen ohne Warnung verlassen werden.
— Beziehungen sind nicht belastbar.
— Beziehungen sind nicht solidarisch.
— Man wird von anderen im Stich gelassen.

■ **Konsequenzen für die Person**

Die Person ist Beziehungen gegenüber sehr unsicher: Sie möchte gerne stabile Beziehungen, geht aber davon aus, dass diese nicht »von selbst« existieren, sondern dass man sie herstellen muss. Daher sind sie leicht und schnell zu verunsichern: Ärgert sich jemand über sie, denken sie gleich, dass die Beziehung beendet wird. Schon leichte »Unstimmigkeiten« können zu Ängsten führen.

■ **Konsequenzen für Mitarbeiter und Chefs**

Kollegen bemerken oft die Unsicherheit; da die Person jedoch sehr »zuvorkommend«, hilfsbereit, »nett« etc. ist, wirft das meist keine größeren Probleme auf. Die Person scheint eher »pflegeleicht« zu sein, passt sich an, macht kaum Probleme.

Aus der Sicht von Chefs ist die Person ein Mitarbeiter, der kaum auffällt und »gut mitläuft«.

6.3.3 Normative Schemata

Die normativen Schemata von Personen mit dependentem Stil beziehen sich vor allem auf solche Aspekte, die dazu dienen, sich für Partner wichtig zu machen und Beziehungen nicht zu gefährden. Die übergreifende Norm ist: »Vermeide es um jeden Preis, verlassen oder allein gelassen zu werden!«.

Typische normative Schemata

Die Person weist daher Schemata auf wie:
— Vermeide auf jeden Fall Konflikte und Auseinandersetzungen!
— Versuche, es dem Interaktionspartner immer recht zu machen!
— Tue nichts, was einen Interaktionspartner verärgert!
— Grenze dich nicht ab!
— Setze nie deine Bedürfnisse gegen einen Interaktionspartner durch!

■ **Konsequenzen für die Person**

Hier treten Kosten für die Person auf: Weil sie sich nicht abgrenzen, nicht nein sagen kann, weil sie Konflikte vermeidet und sich kaum wehren kann, lässt sie sich oft von Kollegen und Chefs zu viel gefallen. Da sie auch versucht, »es allen recht zu machen«, ist sie hochgradig ausbeutbar und manipulierbar. Kommt ein Kolle-

Ausbeutbarkeit

ge mit der Bitte, ihm Arbeit abzunehmen, tut sie es, auch dann, wenn sie selbst schon extrem belastet ist. Damit sendet sie jedoch an alle das Signal: »Kommt alle zu mir, die ihr mühselig und mit Arbeit beladen seid, ich werde euch erquicken und euch Arbeit abnehmen!«: Und natürlich nehmen viele dieses Angebot an, was zu einer (starken) Überlastung der Person führen kann.

Die Person spürt oft die daraus resultierende Überlastung: Sie bemerkt, dass sie zu viel für andere macht, und sie spürt, dass sie selbst »zu kurz kommt«. Sie kommt aber nicht auf die Idee, dass sie sich selbst stärker abgrenzen müsste, sondern hat eher den Wunsch, dass **andere** ihre Belastung sehen und ihr nicht mehr so viel Arbeit aufladen sollten!

▪ **Konsequenzen für Mitarbeiter und Chefs**

Schlechte Führungsqualitäten

Chefs fallen insbesondere die »schlechten Führungsqualitäten« auf: Die Person kann schlecht Entscheidungen fällen oder anderen Anweisungen und negatives Feedback geben; sie vermeidet Konflikte etc. Alle diese Handlungen sind für eine Führungskraft (sehr) ungünstig. Die Person kann meist diese »Schwachstellen« auch mit hoher Kompetenz nicht kompensieren, was ihre Beförderung in Leitungspositionen relativ unwahrscheinlich macht. Und wenn sie befördert wird, gerät sie oft unter Stress und kann sogar eine psychosomatische Erkrankung entwickeln.

Schlechte Teamarbeit

Auch die Arbeit in Teams ist für eine solche Person schwierig: In Teams ist es erforderlich, offen zu diskutieren, andere zu korrigieren, andere zu berichtigen, anderen die Meinung zu sagen. Aber all das ist für eine Person mit dependentem Persönlichkeitsstil ausgesprochen schwierig. Letztlich realisiert die Person einen »Ja-Sager«, was die Teamarbeit aber meist kaum nach vorne bringt.

Nur in Unternehmenskulturen, in denen ein softer bis zu weicher und wenig klarer Führungsstil gelebt wird, kann eine Personen mit dependentem Stil in eine Führungsposition kommen. Meist endet die Karriereleiter, wenn sie überhaupt erklommen wird, auf der Ebene der Teamleiter oder Gruppenleiter.

In Unternehmenskulturen wie dem öffentlichen Dienst oder ähnlichen sind solche Vorgesetzte am ehesten anzutreffen.

6.3.4 Regel-Schemata

In der Regel weisen Personen mit dependentem Persönlichkeitsstil kaum Regel-Schemata auf. Manchmal zeigen sie eine Quid-pro-quo-Regel: Da ich mit anderen solidarisch bin, erwarte ich auch von anderen Solidarität.

6.4 Manipulation

Personen mit dependentem Stil machen in Interaktionen zunächst den Eindruck, sehr umgänglich und »pflegeleicht« zu sein; meist erwecken sie den Eindruck, sie seien überhaupt nicht manipulativ – doch dieser Eindruck täuscht.

Sie sind im Gegenteil meist hoch manipulativ, können die Manipulationen aber recht gut tarnen: als »Altruismus«, »Aufopferung«, »Hilfsbereitschaft« u. Ä.

Dabei geht es ihnen aber nicht wirklich darum, etwas für Interaktionspartner zu tun oder darum, »sich aufzuopfern«: Sie erfüllen Erwartungen und vermeiden Konflikte im Grunde ausschließlich, um **Beziehungen verlässlich zu machen**. Und damit tun sie letztlich **etwas für sich**, nicht für den anderen.

Scheinbarer Altruismus

Der frühere Typ der Sekretärin ist ein gutes Beispiel für einen dependenten Stil, der, an der richtigen Position, durchaus erfolgreich sein kann.

Beispiel

Die »frühere« Sekretärin brachte dem Chef morgens den Kaffee, hatte alles sehr serviceorientiert vorbereitet und sie konnte schon antizipieren, wann ihr Chef was brauchte. Damit machte sie sich unentbehrlich und war die »berufliche Frau«. Gerade, wenn sie einen narzisstischen Chef hatte, war dies eine erfolgsversprechende Kombination. Der Chef fühlte sich durch das im Hintergrund wirkende Verhalten unterstützt, sie stelle ihn nie in Frage – Narzissten sind ja kritikempfindlich – und der Chef blieb ihr andererseits »treu« – es war eine stabile, dauerhafte Arbeitsbeziehung, also für bei Seiten ein Gewinn.

Personen mit dependentem Persönlichkeitsstil sind sehr gut darin, bestimmte Arten von Images (Bildern) und Appellen (expliziten oder impliziten Handlungsaufforderungen) auszusenden, die Interaktionspartner beeinflussen.

Images und Appelle

Images sind	erwünschte Effekte/Appelle
– Ich tue alles für dich.	– Ich bin unentbehrlich für dich.
– Ich erfülle dir alle Wünsche.	– Du wirst nie wieder jemanden wie
– Ich stehe jederzeit zur Verfügung.	mich finden.
– Ich bin schwach und hilfsbedürftig.	– Hilf mir und sei für mich da!
– Ich bin schutzbedürftig.	– Sei an meiner Seite!
– Ich kann mich nicht entscheiden.	– Führe mich durchs Leben!
– Ich komme allein nicht zurecht.	– Leite mich an und sag mir, wo es langgeht!
– Ich mache dir keine Probleme.	– Du hast es leicht mit mir.
– Ich stelle meine Bedürfnisse – zurück.	– Ich bin eine ideale Partnerin.
– Ich nehme dir Arbeit ab.	– »You never find another me!«.
– Ich halte dir den Rücken frei.	

Personen mit dependentem Stil ist oft gar nicht bewusst, dass sie manipulieren: Sie sind selbst davon überzeugt, dass sie altruistisch sind und dass sie »Erwartungen gerne erfüllen«.

■   **Konsequenzen für die Person**

Die Person weist oft ein hohes Ausmaß an Selbsttäuschung auf – sie glaubt ihre Images selbst. Auf diese Weise kann sie das Ausmaß an inneren Konflikten gering halten.

■   **Konsequenzen für Mitarbeiter und Chefs**

Was Kollegen manchmal nervt, ist die zur Schau getragene oder übertriebene Freundlichkeit: Die Person ist zu »weich« (»so unverhofft soft«), ist »kein Gegenüber«, niemand, mit dem man sich auseinandersetzen kann. Und Kollegen sind die eingeforderte Rücksichtnahme auch irgendwann leid: Die Person, die anfangs viel Mitgefühl bekommen hat, erzeugt langfristig Verärgerung.

Auch Vorgesetzte haben oft über längere Zeit eine »Beisshemmung« und schonen die Person, aber auch dessen werden sie mit der Zeit überdrüssig.

6.5   Alienation, Lageorientierung und Entscheidungsprobleme

Alienation

Die starke externale Perspektive zusammen mit der Strategie, eigene Bedürfnisse nicht ernst zu nehmen, nicht zu beachten und sie dem Partner zuliebe zurückzustellen, erzeugt einen schlechten Zugang zum eigenen Motivsystem und zu dessen Indikatoren, den affektiven Reaktionen. Dadurch können die Personen nur sehr schwer erfassen, was ihre wirklichen Bedürfnisse, Motive, Ziele oder Präferenzen sind. Sie haben somit auch keine kognitive Repräsentation ihrer Ziele und Motive.

Die Personen weisen daher ein hohes (bis sehr hohes) Ausmaß an Alienation (Entfremdung) auf. Sie wissen nicht,

— was ihnen wichtig ist;
— was sie wollen;
— was ihnen gut tut;
— was sie nicht wollen;
— was ihnen nicht gut tut;
— welche Ziele sie selbst haben.

Bei Personen mit dependentem Persönlichkeitsstil führt die starke Orientierung an den Bedürfnissen des Interaktionspartners auch dazu, dass sie ihre eigenen Bedürfnisse **nicht für relevant halten** und sich somit gar nicht darum bemühen herauszufinden, was sie eigentlich möchten. Folglich tun sie auch nichts, was ihre Alienation reduzieren könnte. Im Laufe der Zeit wird die Alienation durch ein systematisches Verlernen des Zugangs eher schlimmer als besser. Dies führt oft dazu, dass Personen mit dependentem Stil massiv an ihren eigenen Bedürfnissen vorbeileben. In der Regel sind die Personen mit dependentem Persönlichkeitsstil jedoch so stark damit beschäftigt, die Wünsche des Interaktionspartners zu erfüllen, dass sie gar nicht bemerken, dass sie ihre eigenen gar nicht kennen. Daher weisen sie oft trotz hoher Alienation nur einen geringen Grad an (repräsentierter) Unzufriedenheit auf.

Sehr ausgeprägt ist dagegen der bei Alienation häufig auftretende Intrusionsfehler. Personen mit dependentem Persönlichkeitsstil können nicht mehr ausmachen, ob sie ein Ziel, das sie verfolgen, selbst gewählt haben, ob es ihren eigenen Präferenzen entspricht oder ob sie es von außen übernommen haben, ob sie es verfolgen, weil es ihnen jemand gesagt hat.

Sie neigen daher stark dazu, **übernommene Aufträge für eigene Ziele zu halten**; und damit ist es extrem schwierig für sie, sich gegen Anforderungen abzugrenzen.

Personen mit dependentem Persönlichkeitsstil weisen ein extrem hohes Ausmaß an **Lageorientierung** auf. Dies geht einmal auf die massive Alienation zurück; wenn man nicht weiß, was man will, kann man sich auch nicht entscheiden. Eine Ursache dafür kann auch sein, dass man hauptsächlich darüber nachgrübelt, wie man es dem Gegenüber wohl recht machen könnte. Die Lageorientierung verstärkt dann wiederum die Entscheidungsschwäche. Eine Person mit dependentem Persönlichkeitsstil steht beispielsweise vor dem Kleiderschrank und weiß nicht, was sie anziehen soll. Sie grübelt, kommt aber nicht zu Ergebnissen, da sich das Denken völlig »im Kreis dreht«. Schließlich versucht sie, das Problem zu lösen, indem sie sagt: »Schatz, was soll ich anziehen?« Dieses Phänomen kann in Fragen gipfeln wie: »Schatz, welcher Pudding schmeckt mir?«

Übernommene Aufträge

Hohe Lageorientierung

6.6 Erfüllen angenommener Erwartungen

Personen mit dependentem Persönlichkeitsstil versuchen, wie gesagt, in hohem Ausmaß die Erwartungen ihrer Interaktionspartner zu erfüllen. Dabei haben sie aber meist den Anspruch, diese Erwartungen zu »erspüren«, zu erkennen, fast telepathisch zu erschließen. Und deshalb fragen sie den Partner in aller Regel nicht

»Erspüren« von Erwartungen

danach, was er wirklich will, sondern sie gehen davon aus, »dass man das wissen muss«. Das hat zur Folge, dass die Personen gar nicht die tatsächlichen Erwartungen ihrer Interaktionspartner erfüllen, sondern das, was sie **für die Erwartungen halten**. In Paartherapien, in denen die gegenseitigen Erwartungen dann explizit verhandelt werden, erlebt man oft, dass die Person mit dependentem Persönlichkeitsstil »aus allen Wolken fällt«, wenn sie merkt, dass der Partner das gar nicht will, was sie seit Jahren für ihn tut. Die »Erwartungserfüllung« ist daher nicht selten eine Illusion.

- ■   **Konsequenzen für Mitarbeiter und Chefs**

Arbeitet man mit Personen zusammen, die einen dependenten Stil aufweisen, ist es ratsam, **explizit** deutlich zu machen, was man möchte und was man erwartet. Und: Was man nicht möchte und nicht erwartet.

Hat man den Eindruck, die Person tut etwas, was man gar nicht will, ist es sinnvoll, auch deutlich zu sagen, dass man es **nicht** will. Man macht man sich besser von vorneherein klar, dass bei Personen mit dependentem Persönlichkeitsstil »dezente«, indirekte, euphemistische Hinweise bei Weitem nicht ausreichen, die Personen ignorieren sie! Wenn man etwas möchte, muss man es **deutlich** sagen!

6.7   Selbsttäuschung

Personen mit dependentem Stil neigen in sehr starkem Maße dazu, sich selbst über ihr Handeln und dessen Gründe »etwas vorzumachen«: Sie haben Annahmen über sich, die im Grunde zu ihren Schemata und ihrem Verhalten in krassem Gegensatz stehen.

Hohe Selbsttäuschung

Wir nennen eine solche Konstruktion **Selbsttäuschung**: Die Personen bauen über sich selbst, ihr Handeln und ihre Beweggründe ein Glaubenssystem auf, das positiv ist, eigenen Wertvorstellungen und/oder sozialen Erwartungen entspricht und das ihnen hilft, ungünstige Handlungen, Schemata und Intentionen systematisch auszublenden.

So würde zu den Ängsten dieser Personen, etwas falsch zu machen und deshalb vom Partner verlassen zu werden, auf keinen Fall die Erkenntnis passen, manipulativ zu sein: Diese Erkenntnis wäre hochgradig angstauslösend und muss daher unbedingt vermieden werden. Also interpretieren die Personen ihr Verhalten dem Partner gegenüber als fürsorglich, aufopfernd und altruistisch. Sie tun alles für den Partner, »weil sie selbst sowieso allen helfen«; sie gehen keine Konflikte ein, »weil sie den anderen nicht schaden wollen«, »weil sie Harmonie möchten« oder »weil sie sich selbst sowieso nicht durchsetzen können«. Sie unterwerfen sich dem Partner, »weil ihre Bedürfnisse sowieso nicht so wichtig sind«, »weil es dem Partner dann gut geht« oder »weil es ihnen gut geht, wenn es dem Partner gut geht« u. a.

■ **Konsequenzen für Mitarbeiter**

Wenn man einer Person mit dependentem Persönlichkeitsstil etwas klarmachen will, sendet man am besten eine Ja-aber-Botschaft:

— Im »Ja-Teil« ist man komplementär, macht deutlich, was man versteht und dass man der Person »nichts Schlechtes will«.

— Im »Aber-Teil« macht man deutlich, was man selbst will oder welchen Eindruck man von der Person hat.

Aufgrund der ausgeprägten Selbsttäuschung muss man solche Botschaften in aller Regel **mehrmals** geben, bevor sie bei der Person ankommen.

Selbstunsicherer Stil

Rainer Sachse, Annelen Collatz

R. Sachse, A. Collatz, *Spaß an der Arbeit trotz Chef*,
DOI 10.1007/978-3-662-46751-0_7, © Springer-Verlag Berlin Heidelberg 2015

Selbstunsichere Personen zweifeln an ihren sozialen Kompetenzen und denken, dass sie sich in hohem Maße sozial blamieren können. Selbstunsichere Stile treten oft komorbid mit anderen Stilen auf.

7.1   Allgemeine Charakteristika

Sozial akzeptabel

Personen mit einem selbstunsicheren Stil bezweifeln (stark), dass sie als Person **sozial akzeptabel** sind oder dass sie so handeln und handeln können, dass ihr Handeln als sozial angemessen wahrgenommen wird.

Soziale Blamage

Personen mit einem selbstunsicheren Stil haben ständig die Befürchtung, **sich sozial zu blamieren** oder sozial »bloßgestellt« zu werden: Angst, etwas Dummes oder Lächerliches zu sagen, einen falschen Scherz zur falschen Zeit zu platzieren, jemanden mit einer Aussage zu verprellen oder zu beleidigen; Angst, falsch gekleidet zu sein, sich am Tisch falsch zu verhalten, gegen »die Etikette zu verstoßen« etc.

Aufgrund solcher Befürchtungen sind die Personen real »sozial gehemmt«: Sie kontrollieren sich stark und folgen der Devise: »Besser gar nicht handeln, als falsch handeln.«

Daher trauen sie sich nicht, einfach Smalltalk zu machen (obwohl sie es sehr gerne täten!); sie trauen sich nicht, einfach auf andere zuzugehen (obwohl sie sehr gerne Beziehungen anknüpfen würden). Gehen sie auf eine Fete, dann nehmen sie sich ein Glas Sekt, stellen sich an eine Wand und nehmen die Farbe des Hintergrundes an: Je weniger sie auffallen, desto besser.

Aufgrund ihrer Befürchtung, sozial nicht akzeptabel zu handeln, sind sie leicht zu verunsichern und einzuschüchtern: Wenn jemand etwas behauptet, dann wird eine Person mit selbstunsicherem Stil kaum widersprechen, auch wenn sie sicher ist, dass sie es besser weiß: Ihr Verhalten könnte ja trotzdem missbilligt werden und dann wäre sie »unten durch«.

Schlechte Selbstdarstellung

Personen mit selbstunsicherem Persönlichkeitsstil können daher kaum Auseinandersetzungen beginnen oder durchstehen; sie halten auch Konflikte kaum aus (ähnlich wie Personen mit dependentem Persönlichkeitsstil, nur aus ganz anderen Gründen!). Sie sind daher nicht durchsetzungsstark, »strahlen keine Autorität aus« und sind durch »starke« Personen schnell zum Schweigen zu bringen. **Sie können sich damit nur schlecht darstellen und »verkaufen«**, selbst dann, wenn sie hoch intelligent und kompetent sind.

Machtkämpfen, Intrigen, Konflikten und Auseinandersetzungen sind sie eher nicht gewachsen; daher können sie oft auch von weniger kompetenten, aber durchsetzungsstärkeren Konkurrenten »ausgestochen« werden.

Ein selbstunsicherer Stil tritt oft »komorbide« auf, also **neben** einem anderen Persönlichkeitsstil. So weisen viele erfolgreiche Narzissten manchmal gleichzeitig einen selbstunsicheren Stil auf, was sie allerdings dann in ihren narzisstischen Strategien behindert.

7.2   Beziehungsmotive

Das zentrale Beziehungsmotiv ist **Anerkennung**, vor allem soziale Anerkennung: Die Person möchte ein Feedback, dass sie eine sozial hoch akzeptable Person ist, dass sie sozial geschätzt wird, dass sie sich kompetent und angemessen verhält, dass sie hohe soziale Qualitäten aufweist.

Anerkennung

Ein weiteres wesentliches Motiv ist **Wichtigkeit**: Die Person möchte im Leben anderer bedeutsam sein; sie möchte für andere eine Bereicherung sein.

Wichtigkeit

7.3   Schemata

Personen mit selbstunsicherem Stil weisen vor allem Schema-Annahmen auf, die ihre soziale Kompetenz und Angemessenheit infrage stellen, also Inhalte wie:

Typische Selbstschemata

- Ich bin sozial inkompetent.
- Ich kann soziale Erwartungen nicht erfüllen.
- Ich kann soziale Situationen nicht richtig einschätzen.
- Ich habe keine positiven sozialen Eigenschaften.
- Ich habe anderen nichts zu bieten.

Oder sogar:
- Ich wirke auf andere abstoßend.
- Ich habe Eigenschaften, die andere unangenehm finden.
- Ich bin ein Langeweiler.

7.3.1   Beziehungsschemata

Personen mit selbstunsicherem Persönlichkeitsstil weisen hier häufig Annahmen auf wie:

Typische Beziehungsschemata

- In Interaktionen wird man ständig beobachtet und bewertet.

— Wenn man unangenehm auffällt, hat das sofort negative Konsequenzen.
— Andere tolerieren keine sozialen Fehler.
— Wenn man auffällt, fällt man negativ auf.
— Sich zu zeigen, ist gefährlich.

■ **Konsequenzen für die Person**

Probleme in sozialen Situationen

Alle diese Annahmen machen die Person in sozialen Situationen ängstlich, zurückhaltend, einschüchterbar: Sie ist damit Konflikten, Auseinandersetzungen, Machtkämpfen etc. kaum gewachsen und zieht Konkurrenten gegenüber, die dieses Handicap nicht aufweisen, leicht den Kürzeren. Die Person kann sich nicht gut darstellen und »verkaufen«, sodass ihre tatsächlichen Kompetenzen oft übersehen oder unterschätzt werden.

Dadurch befinden sich Personen mit selbstunsicherem Stil oft nicht in Führungspositionen, sondern in Positionen, in denen sie als kompetente Mitarbeiter den Leitenden »zuarbeiten«. Manchmal sind sie auch die »eigentlichen« Leiter, ohne über die entsprechende Machtposition zu verfügen.

Beispiel

Das Thema eines Coachees war die Sorge, dass sein Arbeitsvertrag nicht verlängert werden würde. Da er Familie hatte und Alleinverdiener war, war die Bedrohung der Arbeitslosigkeit besonders stark.

Er hatte zu dem Zeitpunkt eine Funktion inne, in der er selbstständig Verantwortung für ein Teilprojekt hatte – mit fachlicher Führung. Sein Chef, hochgradiger Narzisst, konfrontierte und provozierte ihn – wie im Übrigen alle anderen auch –, was ihn immer »kleiner« werden ließ. Seine Leistungsfähigkeit und Durchsetzungsstärke wurden geringer und er suchte zunehmend Absicherung für Entscheidungen. Dies verschärfte den Konflikt mit seinem Chef, der selbstständig denkende und agierende Mitarbeiter haben wollte. Das Bedrohungsszenario der Entlassung wurde stärker.

Als sein Chef den Arbeitsplatz wechselte, veränderte sich die Situation folgendermaßen: Der Coachee kam in die Position des »Assistenten«. Ein Kollege von ihm trug nun die Hauptverantwortung für das Projekt und er bearbeitet die anliegenden Aufgaben im Hintergrund. An sich eine gute Symbiose, die allerdings den Nachteil hatte, dass sich sein Standing im Gesamtgefüge verschlechterte. Wurde er beispielsweise von Projektmitarbeitern etwas gefragt, gab er häufig zur Antwort: »Da muss ich XY fragen.« Obwohl der Mechanismus offensichtlich war, fiel es ihm schwer, anders zu agieren.

■ **Konsequenzen für Mitarbeiter und Chefs**

Vorgesetzte sollten sich durch die Zurückhaltung von Personen nicht zu falschen Schlüssen verleiten lassen, sondern sich die Person genau ansehen. Ein solcher Mitarbeiter kann in Positionen, in denen man nicht assertiv auftreten muss, sehr gute Arbeit leisten. Vor allem in Teams, in denen diese Person die »Kopfarbeit« leistet und andere die »Außendarstellung« übernehmen, ist sie sehr gut aufgehoben.

Die Personen müssen kleinschrittig lernen, welche Handlungsoptionen sie haben, und Alternativen im Verhalten aufgezeigt bekommen. Hier kann eine Potenzialanalyse hilfreich sein, um Stärken heraus zu arbeiten. Die Schwächen sieht die Person selbst sehr genau.

7.3.2 Normative Schemata

Normative Schemata dienen vor allem dazu, potenzielle Blamagen zu vermeiden. Daher weist die Person Annahmen auf wie:

Typische normative Schemata

- Gib wenig von dir preis!
- Vermeide die Aufmerksamkeit anderer!
- Vermeide auf jeden Fall, dich zu blamieren!
- Sprich nur über Themen, in denen du dich wirklich gut auskennst!

■ **Konsequenzen für Mitarbeiter und Chefs**

Chefs können eine kompetente Person mit selbstunsicherem Stil systematisch fördern: Es macht Sinn, ihnen Aufgaben zu geben, die ihnen systematisch mehr an sozialen Kontakten abverlangen, bei denen sie aber die Erfahrung machen, dass sie es können oder dass sie es lernen können: Dann gewinnen sie langsam an Zutrauen und entwickeln zunehmend soziale Kompetenzen.

Die Person braucht viel direktes Feedback, besonders nach sozialen Interaktionen – hier sollte der Fokus auch auf positiven Aspekten und Veränderungsoptionen liegen.

7.4 Manipulation

Personen mit selbstunsicherem Stil zeigen meist nur ein Minimum an manipulativem Verhalten: Sie realisieren praktisch keine Tests und ihre intransparenten Strategien sind meist nicht der Rede wert.

7.5   Kontaktvermeidung

Personen mit selbstunsicherem Persönlichkeitsstil weisen ein hohes Bedürfnis nach Kontakten und Beziehungen auf: Sie hätten gern (viele) Kontakte, würden sehr gerne Kontakte zu anderen aufnehmen und suchen dringend Anschluss.

Ihre Schemata und die daraus resultierenden Ängste stehen ihnen aber (massiv) im Weg: Sie trauen sich nicht, sich auf Interaktionen einzulassen. Sie hätten gerne vom Interaktionspartner Signale, die darauf hindeuten, dass sie willkommen sind und dass der Interaktionspartner ihnen wohlgesonnen ist: Solche Signale kommen in der Regel aber eher selten.

Selbsterfüllende Prophezeiungen

Und so erzeugen diese Personen in hohem Maße **selbsterfüllende Prophezeiungen**: Sie gehen unsicher auf eine Party, sprechen niemanden an, lächeln niemanden an, verhalten sich unauffällig; daher geht dann niemand auf sie zu und nimmt Kontakt auf; und dies interpretieren Personen mit selbstunsicheren Stil dann so, dass sie keine positiven Eigenschaften haben usw.

■   **Konsequenzen für Mitarbeiter und Chefs**
Kollegen können es Personen mit selbstunsicherem Stil erleichtern, indem sie Kontakt aufnehmen und die ersten Schritte machen. Dazu ist es aber wichtig, das Problem richtig einzuschätzen: Die Zurückhaltung der Personen wird manchmal **fälschlicherweise** als Arroganz gedeutet, was Kollegen veranlasst, ebenfalls auf Distanz zu bleiben. Tatsächlich ist es aber alles andere als Arroganz: Personen mit selbstunsicherem Stil »tauen meist recht schnell auf«, wenn eine andere Person die Initiative ergreift. Das gibt ihnen die nötige Sicherheit, um sich dann auf den Kontakt einzulassen.

Schizoider Stil

Rainer Sachse, Annelen Collatz

R. Sachse, A. Collatz, *Spaß an der Arbeit trotz Chef*,
DOI 10.1007/978-3-662-46751-0_8, © Springer-Verlag Berlin Heidelberg 2015

Ein schizoider Stil bedeutet, dass eine Person wenig Kontakt aufnimmt, wenig kommunikativ ist; dadurch hat sie trotz hoher intellektueller Kompetenzen schlechte Führungsqualitäten. Wir zeigen auf, warum das so ist und was man tun kann.

8.1   Allgemeine Charakteristika

Vermeiden sozialer Kontakte

Personen mit schizoidem Stil sind vor allem dadurch gekennzeichnet, dass sie »wenig sozial« sind: Sie nehmen kaum Kontakt zu anderen auf, sie scheinen wenig soziale Beziehungen zu brauchen, sondern vermeiden soziale Kontakte oft eher.

Feiern, Betriebsausflüge, geselliges Beisammensein etc. ist ihnen eher zuwider; sie verabscheuen Massenveranstaltungen, sind gerne für sich und kommen allein gut zurecht.

Manche Personen mit schizoidem Stil gehen aber durchaus stabile Beziehungen und Partnerschaften ein; dann brauchen sie aber gelegentlich »Auszeiten«: Zeiten, in denen sie allein sein können, in denen sie allein etwas unternehmen können etc.

Sie empfinden »Alleinsein« auch nicht als unangenehm, sondern als eine Art »Lebenselixier«: Allein zu sein gibt ihnen oft das Gefühl, etwas Wichtiges zu tun, sich selbst spüren zu können, sich auf sich selbst verlassen zu können.

Soziale Inkompetenzen

Weisen Personen einen schizoiden Stil in eher leichter Ausprägung auf, besitzen sie oft trotzdem **eine hohe soziale Kompetenz**: Sie **können** gut interagieren, empathisch sein, Smalltalk machen etc.; sie **können** aber auch gut für sich sein und leiden nicht darunter, Zeit allein zu verbringen.

Weisen Personen eine starke Ausprägung von schizoidem Stil auf, dann vermeiden sie oft soziale Kontakte, was ihnen jedoch soziale Trainingsmöglichkeiten nimmt. In der Folge können sie manchmal **soziale Inkompetenzen** aufweisen: Sie wissen nicht, wie man mit anderen interagiert, sie kennen soziale Regeln nicht, sie können keinen Smalltalk machen, nicht flirten etc.

Mitarbeitern gegenüber bleiben Personen mit schizoidem Stil eher auf Distanz; sie können zwar freundlich sein, nehmen aber keinen engeren Kontakt auf und geben nur wenig von sich preis.

Bei stark ausgeprägtem schizoidem Persönlichkeitsstil können die Personen einsilbig oder sozial »merkwürdig« wirken und dann auch leicht (und fälschlicherweise!) für arrogant gehalten werden.

Sind Personen mit schizoidem Stil fachlich sehr kompetent und auch hoch sozial kompetent, dann können sie durchaus Führungsaufgaben übernehmen; ist dagegen der schizoide Stil stärker ausgeprägt, kann dies die Kommunikation mit der Person stark

beeinträchtigen und sie kann viele Führungsaufgaben nicht mehr
gut erfüllen.

8.2 Beziehungsmotive

Ein zentrales Beziehungsmotiv bei Personen mit schizoidem Stil
ist **Solidarität**: Die Person hat ein starkes Bedürfnis danach, die
Erfahrung zu machen, dass andere sich kümmern, dass andere da
sind, Unterstützung und Hilfe geben, einen nicht im Stich lassen,
einen pflegen, verteidigen und schützen.

Solidarität

Ein weiteres wesentliches Motiv ist **Anerkennung**: Die Person
will ein Feedback, als Person o.k. und liebenswert zu sein, als Person positive Eigenschaften zu haben.

Anerkennung

Und schließlich ist das Motiv der **Verlässlichkeit** wichtig: Die
Person möchte Signale, dass sie sich auf die Stabilität und Belastbarkeit von Beziehungen verlassen kann.

Verlässlichkeit

8.3 Schemata

8.3.1 Selbst-Schemata

Personen mit schizoidem Stil weisen in hohem Maße Schemata
auf, die **Zweifel und Unsicherheit** enthalten, also Annahmen wie:

Typische Selbst-Schemata

- Ich weiß nicht, ob ich anderen etwas zu bieten habe.
- Ich weiß nicht, ob ich anderen etwas wert bin.
- Ich weiß nicht, ob ich für andere attraktiv bin.
- Ich weiß nicht, was ich kann.

8.3.2 Beziehungsschemata

Typische Beziehungsschemata bei Personen mit schizoidem Stil
sind:

Typische Beziehungsschemata

- Beziehungen bringen nichts.
- Beziehungen sind kalt, unpersönlich, unfreundlich.
- Beziehungen sind nicht solidarisch.
- Man kann sich auf niemanden verlassen.
- Beziehungen sind nicht verlässlich.

■ **Konsequenzen für die Person**
Die Person geht davon aus, dass sie sich auf die Solidarität anderer
nicht verlassen kann: Im Ernstfall wird niemand für sie da sein,

niemand ihr helfen, sie verteidigen und sie unterstützen. Und im Ernstfall kann sie sich auch nicht darauf verlassen, dass Beziehungen stabil und tragfähig sind.

Flucht in die Autonomie

Daraus zieht die Person dann meist eine Konsequenz, die wir als »**Flucht in die Autonomie**« bezeichnen: Die Person nimmt an, dass sie sich nur auf sich selbst verlassen kann und dass sie sich auf sich selbst verlassen **muss**. Das wiederum bedeutet, dass sie sich von anderen unabhängig machen muss: Sie muss in der Lage sein, allein klarzukommen, sich allein zu versorgen, sich selbst zu helfen etc. Das »Alleinsein und allein klarkommen können« ist also ein äußerst wichtiges Prinzip.

Dies entspringt jedoch nicht einem echten **Autonomie-Motiv**: Die Person **will** nicht unabhängig sein, sie **muss** es! Sie ist autonom, weil ihr nichts anderes übrig bleibt; jede Alternative ist unberechenbar und unsicher.

Saure-Trauben-Strategie

Darüber hinaus praktizieren die Personen mit schizoidem Persönlichkeitsstil auch noch eine **Saure-Trauben-Strategie**: Da Beziehungen nichts bringen und eigentlich negativ sind, man aber eigentlich eine Sehnsucht nach Beziehungen hat, löst man dieses Dilemma, indem man sich selbst ein Selbstbild aufbaut, das heißt:

- Ich brauche keine Beziehungen.
- Ich komme sehr gut alleine klar.
- Ich will gar keine Beziehungen.
- Ich will alleine bleiben.

Und daraus resultiert das typische Bild der Personen mit schizoidem Persönlichkeitsstil: Der Cowboy, der in den Sonnenuntergang reitet, im Monument Valley bei Pferden und Hunden lebt, sich von Bohnen ernährt und sagt: »Come to where the flavor is.« Damit sind Image und Selbsttäuschung perfekt.

Eine Person mit schizoidem Stil ist Beziehungen gegenüber ambivalent: Einerseits braucht sie Beziehungen und sie geht auch welche ein; andererseits bleibt sie aber auf Distanz, weil sie das Alleinsein, das Gefühl des Unabhängigseins braucht.

■ **Konsequenzen für Mitarbeiter und Chefs**

Was die Person oft auszeichnet ist, dass sie sich auf sich selbst verlassen kann und dass macht Personen mit schizoidem Stil zu zuverlässigen Mitarbeitern, die ihre Arbeit gut machen. Die beste Art, mit ihnen gut auszukommen ist:

- Man macht ihnen weiterhin ein gutes Beziehungsangebot, ist akzeptierend und respektvoll.
- Man akzeptiert aber auch ihre Grenzen und bedrängt sie nicht.

— Man interpretiert ihre Distanz nicht fälschlicherweise als Unfreundlichkeit oder Arroganz.

Eine Führungskraft kam mit dem Auftrag ins Coaching, präsenter zu sein und aktiver die Vorgesetztenrolle zu übernehmen.

Der Coachee war fachlich von seinen Mitarbeitern völlig akzeptiert, konnte aber zu Mitarbeitern und Kollegen keine wirkliche Arbeitsbeziehung aufbauen. Da sein Chef aber eine solide emotionale Arbeitsbeziehung für ein erfolgreiches gemeinsames Arbeiten benötigte, kam der Coachingauftrag zustande.

Es zeigte sich, dass der Coachee in seiner Teenagerzeit sehr früh die Rolle des männlichen Familienoberhauptes übernehmen musste, da sein Vater plötzlich verstarb und seine Mutter komplett mit der Situation überfordert war. Aber auch er war mit der Rolle und der Verantwortung überfordert. Emotionale »Sicherheit« erhielt er im Leichtathletikverein und begann Langstreckenläufe zu trainieren. In dem Alleinsein fand er Kraft.

Erst durch die Klärung des Hintergrundes und der Auswirkungen auf heute konnte ein Veränderungsprozess erfolgreich initiiert werden. Diese zeigte sich auch innerhalb der Familie.

Seinen zehnjährigen Sohn hatte er mit ca. 1 Jahr das letzte Mal in den Arm genommen. Durch die Bearbeitung seines zugrunde liegenden Problems konnte er der engste Vertraute seines Sohnes innerhalb der Familie werden.

8.3.3 Normative Schemata

Die normativen Schemata kompensieren die Annahmen des Selbst- und Beziehungsschemas. Annahmen sind:

— Verlass dich nur auf dich selbst!
— Vermeide es, abhängig zu sein!
— Lass dich nicht auf Beziehungen ein!
— Gib nichts von dir preis!

Kollegen haben dadurch oft den Eindruck, »auf Distanz gehalten zu werden« und nicht wirklich an die Person heranzukommen. Hier ist es gut sich klarzumachen, dass die Person dies nicht »aus böser Absicht tut«, sondern dass sie andere nicht näher an sich heranlassen **kann**: Mehr Nähe würde ihr Unbehagen bereiten.

Wichtig ist es, sich nicht von der Distanz abschrecken zu lassen und der Person auch weiterhin ein Beziehungsangebot zu machen: Sie weiß das durchaus zu schätzen.

8.3.4   Regel-Schemata

Typische Regel-Schemata

Personen mit schizoidem Stil weisen meist keine ausgeprägten Regel-Schemata auf, aber wenn, sind sie oft folgender Art:
- Ich erwarte, dass andere Distanz halten.
- Ich will nicht bevormundet oder eingeschränkt werden.

8.4   Manipulation

Das Ausmaß der Manipulation ist bei Personen mit schizoidem Persönlichkeitsstil eher gering; dies liegt daran, dass die Personen Kontakt eher vermeiden und schon deshalb kaum manipulative Verhaltensweisen anwenden (oder lernen!). Man kann auch annehmen, dass in der Biografie der Personen manipulative Strategien nur wenig effektiv waren. Sie haben kaum Kontrolle über ihre Umwelt ausüben können, daher haben sich manifeste manipulative Strategien gar nicht herausgebildet. Die einzige Strategie besteht darin, andere auf Distanz zu halten, z. B. durch eine systematische Reduktion des nonverbalen Verhaltens. Aber auch diese Strategie ist nur wenig manipulativ, indem sie eigentlich doch ziemlich transparent ist.

Interaktionsspiele werden so gut wie gar nicht gespielt.

8.5   Nähe, Distanz und Bindung

Personen mit schizoidem Stil lassen nur wenig Nähe zu; Beziehungen zu solchen Personen entwickeln sich nur sehr langsam und bleiben fragil.

Distanz

Sie halten außerdem zu Interaktionspartnern Distanz: Dadurch, dass sie wenig von sich erzählen, dass sie sich nur wenig für andere interessieren, dadurch, dass sie »emotional unterkühlt« interagieren.

Ist der schizoide Stil stark ausgeprägt, dann zeigen die Personen ein charakteristisches Interaktionsmuster: Sie zeigen in Interaktionen mit anderen so gut wie gar keine Reaktionen, sie lächeln nicht (wenn andere lächeln), sie verziehen beim Gespräch keine Mine, sie machen keine Gesten und zeigen keinerlei Gefühlsregungen.

Ein solches Interaktionsverhalten ist in aller Regel äußerst wirkungsvoll: Es hält Interaktionspartner stark auf Distanz; diese werden verunsichert und vermeiden den Kontakt. Manchmal erscheinen Personen mit schizoidem Persönlichkeitsstil als unnahbar, abweisend, arrogant.

Meist ist bei ihnen die gesamte Emotionalität »heruntergefahren«: Die Personen zeigen weder Wut, noch Trauer oder Freude; sie wirken eher gleichförmig unemotional. Ein solches Verhalten ist natürlich sehr wenig charismatisch und wenig mitreißend.

Man könnte Personen mit schizoidem Stil so beschreiben, wie die Zeitschrift »Spiegel« einmal Christian Bale charakterisierte: »Manche Menschen gehen zum Lachen in den Keller. So ein Mensch ist Christian Bale nicht; er geht zum Lachen in den Atombunker.«

Führungskräfte mit schizoidem Stil zeichnen sich durch einen stark fachlich orientierten Führungsstil aus, die menschliche Komponente können Sie nur schlecht bedienen.

- **Konsequenzen für Mitarbeiter und Chefs**

Wenn Personen mit schizoidem Stil sehr stark auf Distanz gehen, indem sie nonverbal kaum noch interagieren, dann sollten Interaktionspartner

- dies nicht persönlich nehmen: Es hat mit der Struktur der Person und nichts mit dem Interaktionspartner zu tun.
- sich nicht davon abschrecken lassen, sondern weiterhin ein Beziehungsangebot machen: In aller Regel lässt das abweisende Verhalten der schizoidem Stil nach einiger Zeit nach.
- ihr eigenes nonverbales Interaktionsverhalten **nicht** herunterfahren: Weiterhin lächeln, auch wenn die Person nicht zurücklächelt, weiterhin freundlich sein, auch wenn die Person nicht so erscheint usw.

Ein Beispiel soll die Komorbidität mit einem narzisstischen Stil   Beispiel
noch einmal genauer beleuchten.

Ein Manager zeichnete sich dadurch aus, dass er stark narzisstisch agierte. Er war enorm stark leistungsmotiviert und hatte einen hohen Führungsanspruch. Er agierte für andere sprunghaft und chaotisch – er selbst bezeichnete es als flexibles Verhalten, da er Gegebenheiten, Prozesse o. Ä. permanent optimierte. Er war von sich sehr überzeugt und durchsetzungsstark. Das ging soweit, dass er andere coram publico vorführte.

Er war auch äußerst autonomiebestrebt, ihm zu sagen, was er tun sollte, löste nur Reaktanz aus.

Der Manager war durchaus in der Lage, zu Menschen oberflächlich Kontakte aufzubauen, zeigte sich selbst aber nie wirklich dabei. Sofern Menschen mit der oberflächlichen Art zufrieden waren, konnte man auch über einen längeren Zeitraum mit ihm in Kontakt bleiben. Privat hatte er mehrere Beziehungen parallel. Dabei ließ er sich auf keine Frau tiefer ein, suggerierte aber jeder, dass sie die Einzige für ihn sei.

Im Coachingprozess berichtete er stolz, dass er auch seinem Sohn den Wert und die Lebensphilosophie vermitteln würde, sich nie auf eine Frau tiefer einzulassen, sich nicht von einer emotionalen Beziehung abhängig zu machen, denn man könnte enttäuscht werden.

Der Mann ist ein gutes Beispiel für einen sehr ausgeprägten narzisstischen Stil, gepaart mit einem schizoiden Stil.

8

Passiv-aggressiver Stil

Rainer Sachse, Annelen Collatz

R. Sachse, A. Collatz, *Spaß an der Arbeit trotz Chef*,
DOI 10.1007/978-3-662-46751-0_9, © Springer-Verlag Berlin Heidelberg 2015

Der passiv-aggressive Stil ist gekennzeichnet durch scheinbare Kooperation und unterschwellige Sabotage. Das macht die Interaktion mit anderen schwierig, wie wir zeigen werden. Man kann zwar etwas tun, richtet aber oft nur wenig aus.

9.1   Allgemeine Charakteristika

Territorialität

Personen mit einem passiv-aggressiven Stil definieren bestimmte Bereiche als **ihr Territorium und sie definieren Grenzen um dieses Territorium.**

Dieses Territorium ist **ihr** Territorium: Sie bestimmen, wer dazu Zugang hat und wer was in diesem Territorium tun darf – und wer nicht.

Insbesondere definieren sie die **Grenzen** dieses Territoriums: Diese Grenzen müssen geschützt werden und **sie** definieren, wer diese Grenzen überschreiten darf – und wer nicht.

Mit »Territorium« kann eine Person Verschiedenes meinen: Ihren Körper, ihr Zimmer, ihren Schreibtisch, also »physikalisch definierbare« Territorien; aber auch Dinge wie »ihre Privatsphäre«, also alle Aspekte, »die nur sie etwas angehen« oder »ihre Domäne«, also alle Dinge, die sie als zu sich gehörig definiert. Wichtig dabei ist die subjektive Definition, nicht ein objektiv belegbarer »Besitzanspruch«.

Grenzen

Der Kern des Stils ist eine **Grenzproblematik**: Die Person befürchtet, dass andere ihre Grenzen überschreiten und in ihrem Territorium Schaden anrichten könnten. Diese Schemata der Art »andere verletzen meine Grenzen« gehen meist auf entsprechende Erfahrungen in der Biografie zurück. Wichtige Bezugspersonen haben sich grenzüberschreitend verhalten: Zimmer kontrolliert, Tagebücher gelesen, Dinge ohne Erlaubnis weggeworfen u. a.

Verteidigung von Grenzen ist schwierig

Hätten die Personen allerdings nur das Schema »andere überschreiten meine Grenzen«, dann könnten sie ihre Grenzen durchaus offen und direkt schützen, das tun sie aber nicht. Und dass sie es nicht tun, geht auf ein Schema der Art zurück: »Wenn ich meine Grenzen offen verteidige, dann wird alles schlimmer, dann verstärkt der Eindringling seine Aktionen und verschärft seine Kontrollen.« Daher kommt eine offene oder »offen aggressive« Verteidigung nicht infrage: Vielmehr erfolgt die Verteidigung **indirekt, intransparent** und damit stark **manipulativ.**

Dabei kommen dann zwei Faktoren zusammen:

1. Aufgrund ihrer Schemata reagieren Personen mit einem passiv-aggressiven Stil extrem sensibel und »hyperallergisch« auf alle Handlungen, die sie als »grenzüberschreitend« inter-

pretieren können: Dies kann eine Frage sein, von der die Person meint, »das geht den Fragenden nichts an«, das kann die Anweisung eines Chefs sein, von der die Person meint, »das steht dem Chef nicht zu« u. Ä.

2. Aufgrund des Schemas »Wenn ich mich wehre, wird alles schlimmer«, kann sich die Person aber nicht offen abgrenzen, sondern muss sich so »verteidigen«, dass sie für diese Aktion **nicht verantwortlich** gemacht werden kann. Also realisiert sie **zwei** Aktionen:

   ═ Unmittelbar sagt sie auf die Anweisung des Chefs z. B.: »Ja Chef, ist o.k., bis morgen haben Sie die Akte auf dem Tisch.«

   ═ Und am Morgen sagt sie dann z. B.: »Tut mir leid Chef, ich war gerade dabei, die Akte fertigzumachen, da rief meine Frau an und, was soll ich Ihnen sagen, sie ist von der Leiter gefallen! Daher konnte ich den Vorgang leider nicht fertigmachen.«

Die Erläuterung an sich klingt plausibel und kann durchaus auch aufgetreten sein. Hier gilt es, genau und über einen längeren Zeitraum zu beobachten. Treten diese »Zufälle«, dass die Frau von der Leiter fiel, der Kollege dringend Unterstützung brauchte o. Ä. häufiger auf, dann kann man von einem passiv-aggressiven Stil sprechen. Man muss bei der Diagnostik aber beachten, dass es gilt, die einzelnen Erklärungen zu hinterfragen und auf Richtigkeit zu überprüfen.

Diese »**indirekte**« **und intransparente Sabotage** führt schnell zu interaktionellen Problemen, denn nach einigen solcher Aktionen werden die Personen mit passiv-aggressivem Stil von Interaktionspartnern eingeschätzt als

─ unzuverlässig,
─ unsolidarisch,
─ nicht vertrauenswürdig oder sogar als
─ hinterhältig,
─ sabotierend o. Ä.

Auch ein passiv-aggressiver Stil kann damit schnell zu recht hohen interaktionellen Kosten führen.

Personen mit passiv-aggressivem Persönlichkeitsstil neigen darüber hinaus dazu, Dinge, die schiefgehen oder negative Effekte, die eintreten (und die sie z. T. selbst verursacht haben), als »ungerecht«, »ungerechtfertigt« oder »beeinträchtigend« zu erleben, was sie oft veranlasst, sich zu beschweren, Situationen als negativ zu bewerten, sich zu beklagen. Die Personen haben ständig »an

Kooperation und Sabotage

Intransparente Sabotage

Negativismus

anderen etwas auszusetzen«, sind unzufrieden, nörgeln, machen Sachen schlecht: Das Glas ist immer »halb leer« und »the other man's grass is always greener«. Daher wird der Stil auch als **negativistisch** bezeichnet.

Auch diese Handlungsweise macht Personen mit passiv-aggressivem Stil oft wenig beliebt: Andere sind das Jammern, Klagen und die oft damit verbundenen Anschuldigungen und »Nörgeleien« recht schnell leid, insbesondere, da die Personen dazu neigen, die Ursachen für Pannen stark external zu attribuieren: Es sind meist die anderen, die »schuld« sind, man selbst kann meist »nichts dafür«. Mit solchen Verhaltensweisen halten sie dann Interaktionspartner auch »auf Distanz«.

9.2   Beziehungsmotive

Grenzen

Das zentrale Motiv der passiv-aggressiven Persönlichkeitsstörung ist die **Unverletzlichkeit der eigenen Grenzen**.

Biografisch weisen die Personen massive Grenzverletzungserfahrungen auf: Die Mutter liest die Tagebücher und Briefe und wertet daraufhin die Tochter ab; der Vater kontrolliert das Zimmer und wertet den Sohn wegen der gefundenen Sexmagazine ab.

Beispiel

Eine Person erzählte mir einmal folgende Geschichte: Als sie ihren ersten Schultag hatte und stolz nach Hause kam, fand sie in ihrem Zimmer ihre Kuscheltiere nicht mehr. Daraufhin fragte sie ihre Mutter, wo denn ihre Kuscheltiere seien. Die Mutter erwiderte, sie habe beschlossen, die Tochter sei nun zu alt für Kuscheltiere, und sie habe deshalb sämtliche Tiere weggeworfen. Das Mädchen ist daraufhin völlig entsetzt zur Mülltonne gelaufen, um die Tiere noch zu retten, aber der Müll war schon abgeholt worden. Die Person beschrieb dieses Erlebnis als hoch traumatisierend: als massive Grenzverletzung, als massive Ignorierung ihrer Person, als massiven Eingriff und Verletzung. Allerdings war dies nur eine in einer ganzen Serie von Grenzverletzungen.

Personen mit passiv-aggressivem Persönlichkeitsstil haben in der Regel eine ganze Serie solcher Erfahrungen: Erwachsene überschreiten ihre Grenzen und richten mit der erhaltenen Information Schaden an: Sie werten die Person ab, verletzen sie, blamieren sie u. Ä.

Daher ist das Motiv »Unverletzlichkeit der eigenen Grenzen« ganz zentral hoch in der Motiv-Hierarchie: Die eigenen Grenzen müssen unbedingt gewahrt und geschützt werden.

Autonomie

Ein weiteres zentrales Motiv ist **Autonomie**: In der Regel waren in der Biografie Grenzverletzungen mit Einschränkungen der Autonomie verbunden: mit Kontrolle, Überwachung, Bevormundung, Verboten und Einschränkungen. Daraus resultiert ein starkes Bedürfnis, heute vollständig selbst über das eigene Leben entscheiden zu können und sich nicht einschränken und nicht kontrollieren zu lassen: das Bedürfnis, die eigene Autonomie zu wahren.

Das hohe Bedürfnis nach Autonomie macht Personen mit passiv-aggressivem Stil auch hoch **Reaktanz-anfällig**: Jeder Interaktionspartner muss damit rechnen, dass alle Interventionen, die Personen als Einschränkungen ihrer Freiheit auffassen können (und das können sie schnell!), Reaktanz auslösen.

Das dritte zentrale Motiv ist **Anerkennung**: Grenzüberschreitungen sind häufig mit Abwertungen verbunden, mit dem Signal: »Du bist nicht o.k.« Daraus resultiert ein starkes Bedürfnis, als Person anerkannt und respektiert zu werden. Denn die Grenzverletzer haben in der Biografie alle Informationen, die sie »widerrechtlich« im Territorium der Person gewonnen haben, **gegen** die Person verwendet:

— »In deinem Tagebuch steht, du triffst dich mit X. Gegen mein Verbot!«
— »Du hast Sexmagazine im Schrank. Du bist ein Schwein!« usw.

Anerkennung

9.3 Schemata

9.3.1 Selbst-Schemata

Die Selbst-Schemata von Personen mit passiv-aggressivem Stil weisen viele Annahmen auf, die (starke) Selbstzweifel enthalten:

— Bin ich gut genug?
— Bin ich kompetent genug?
— Bin ich o.k.?
— Kann ich meine Grenzen wirkungsvoll verteidigen?
— Kann ich mich wirksam schützen?

Typische Selbst-Schemata

■ **Konsequenzen für Mitarbeiter und Chefs**

Personen mit passiv-aggressivem Stil brauchen in hohem Maße Anerkennung und Lob: Daher sollte man sie für alles, was sie gut gemacht haben, explizit loben.

Man sollte auch ihre Ressourcen aktivieren: Ihnen **explizit** sagen, was sie gut können, wo ihre Fähigkeiten liegen, mit welchen Problemen sie gut umgehen können etc. Das stärkt ihr Selbstbewusstsein, es verbessert aber auch stark die Beziehung.

Wichtig ist dabei, dass das Lob authentisch ist: Denn die Person erkennt ein nicht ehrlich gemeintes Lob sehr schnell und nimmt das richtig übel. Also nur dann loben, wenn man es wirklich meint!

Und dann: Häufig loben, denn die Person wird dazu neigen, Lob zuerst nicht wahrzunehmen oder nicht wirklich ernst zu nehmen.

9.3.2 Beziehungsschemata

Typische Beziehungsschemata

Personen mit passiv-aggressivem Persönlichkeitsstil weisen viele negative Beziehungsschemata auf:
- Andere respektieren meine Grenzen nicht.
- Andere werden meine Grenzen überschreiten.
- Andere richten in meinem Territorium Schaden an.
- Was andere in meinem Territorium finden, verwenden sie gegen mich.
- Andere schränken meine Autonomie ein.
- Andere bevormunden und kontrollieren mich.
- Ich erhalte keine Anerkennung.

Wesentlich sind aber vor allem Schemata wie:
- Wenn ich mich (offen) wehre, wird alles schlimmer.
- Wenn ich meine Grenzen (offen) verteidige, werden sie noch stärker überschritten.
- Wenn ich mich (offen) gegen Kontrolle wehre, werden die Kontrollen verstärkt.

▪ Konsequenzen für die Person

Sensibel gegen alle Grenzverletzungen

Aufgrund der »Grenz-Schemata« **rechnet** die Person mit passiv-aggressivem Persönlichkeitsstil mit Grenzverletzungen, sie **erwartet** bereits solche Überschreitungen und sie ist damit **extrem sensibel** gegenüber allem, was sich auch nur ansatzweise als Grenzverletzung interpretieren lässt.

Sie unterstellt anderen, anders als paranoide Personen (▶ Kap. 10), **nicht**, dass sie absichtlich Grenzen verletzen; dennoch geht sie davon aus, dass sie es **tun** werden; aus welchen Gründen auch immer. Personen mit passiv-aggressivem Persönlichkeitsstil haben daher eher nicht die Annahme: »Andere wollen mir schaden«, sondern eher: »Andere achten nicht auf mich«.)

Aufgrund dieser extremen Sensibilität sieht die Person damit auch oft in völlig harmlosem Verhalten von Interaktionspartnern Grenzverletzungen (was die Partner dann oft beim besten Willen nicht nachvollziehen können). Und sie reagieren dann hochgradig allergisch darauf. Man kann damit sagen: Personen mit passiv-aggressivem Persönlichkeitsstil sind **extrem grenzverletzungs-empfindlich**!

Aufgrund des Autonomie-Schemas sind die Personen mit passiv-aggressivem Stil allen Autonomie-Einschränkungen gegen-über hyper-sensibel. Sie können bereits eine völlig harmlose Auf-forderung als Autonomie-Einschränkung empfinden und mit massiver Reaktanz reagieren. Eine Person mit passiv-aggressivem Persönlichkeitsstil erzählte mir einmal, sie könne sich einen Film einfach nicht mehr ansehen, wenn jemand sagt: »Den Film X musst du dir unbedingt ansehen.« Das löse bereits ein so massives Gefühl von Reaktanz in ihr aus, dass sie nicht mehr in der Lage sei, sich den Film anzusehen. Inzwischen fand sie ihre Reaktion selbst albern, konnte sie aber nicht abstellen.

Reaktanz

Da der passiv-aggressive Persönlichkeitsstil in Führungseta-gen äußerst selten auftritt, haben wir nur sehr eingeschränkt Bei-spiele aus der Praxis.

Ein Manager berichtete einmal am Rande, dass er einen Mit-arbeiter hätte, dem häufiger interessante Sachen passieren. So hätte er ihn einmal gebeten – vielleicht auch tendenziell eher im Befehlston – kurz vor Feierabend Charts für eine wichtige Prä-sentation für ihn zu überarbeiten. Als er ihn am nächsten Morgen darauf ansprach, meinte der Mitarbeiter, dass ein Kollege mit der Bitte an ihn herangetreten sei, ein Projekt durchzusprechen. Und er dachte, das wäre in der Prioritätensetzung zwischen dem Kolle-gen und dem Vorgesetzten abgesprochen.

Beispiel

Ich empfahl dem Chef, der im Coachingprozess bei mir war, mit dem besagten Mitarbeiter zu sprechen (hier Kollege genannt), ob sein Mitarbeiter ihn bezüglich der Absprache der Prioritäten-setzung angesprochen hätte. Die Antwort war »Nein«.

Auch die negativen Anerkennungsschemata machen die Per-sonen empfindlich: Sie können sachlich gemeinte Kritik leicht als persönliche Abwertung interpretieren. Das Schema hat auch zur Folge, dass die Personen oft versuchen, möglichst wenig von sich selbst zu zeigen; sie rücken sie oft erst nach längerer Zeit mit den eigentlichen Anliegen heraus.

Besonders brisant sind allerdings die Schemata, die besagen, dass eine offene Verteidigung nutzlos sei und sogar das Problem noch verschlimmere.

Personen mit passiv-aggressivem Persönlichkeitsstil haben in ihrer Biografie die Erfahrung gemacht, dass eine direkte Verteidi-gung der eigenen Grenzen oder der eigenen Autonomie gefähr-lich ist. Entsprechende Aktionen wurden von den Eltern bestraft, führten zu einer massiven Verschärfung des Konfliktes oder zu lang anhaltenden Beziehungsstörungen: Verweigerung der Kommunikation durch die Eltern, Ablehnung, Abwertung, aber auch Schläge, Stubenarrest u. Ä. Daher haben die Personen die Annahme: »Ich kann meine Grenzen (oder meine Autonomie) nicht offen verteidigen.«, oder: »Offener Widerstand verschlimmert das Problem.« Diese Annahme ist die Grundlage der Entwicklung **passiver Strategien**: Wenn man sich nicht offen verteidigen kann, dann verteidigt man sich verdeckt, indirekt, intransparent.

Pseudo-Compliance

Auf der offenen Kommunikationsebene ist man zugewandt, kooperativ, zugänglich. Sagt der Chef z. B.: »Könnten Sie das mal bis morgen erledigen?«, und die Person betrachtet dies als Grenzüberschreitung oder Autonomie-Einschränkung, dann bleibt sie dennoch zugewandt. Sie sagt dann z. B.: »Natürlich, Chef, wird erledigt.«, lächelt und zeigt keinerlei Reaktion. Auf der indirekten Ebene wird der Auftrag jedoch sabotiert: Die Person erledigt es einfach nicht. Und wenn sie dann zur Rechenschaft gezogen werden soll, dann versucht sie, für die Sabotage auf keinen Fall die Verantwortung zu übernehmen. Also sagt sie z. B. zum Chef: »Ach, tut mir furchtbar leid, habe ich ganz vergessen!« oder: »Leider hat sich mein Hund die Pfote verstaucht, und ich musste leider die ganze Zeit über beim Tierarzt sitzen.«

»Aggressiv« heißt diese Strategie deshalb, weil es sich um eine den Partner schädigende Sabotage handelt, also schon aggressive Aspekte aufweist; »passiv« deshalb, weil die Sabotage indirekt, verdeckt, intransparent erfolgt und die Person dafür keine Verantwortung übernimmt.

Aktiv aggressiv

Dass die Personen mit passiv-aggressivem Persönlichkeitsstil meist »passiv« aggressiv sind, bedeutet jedoch keineswegs, dass sie nicht unter bestimmten Bedingungen durchaus (sehr) **aktiv aggressiv** sein können: Sie können durchaus schreien und toben und jemanden direkt angehen – wenn sie diese Person als wenig gefährlich einschätzen!

Es ist jedoch wichtig zu sehen, dass es eine Moderator-Bedingung gibt, die darüber bestimmt, ob Personen mit passiv-aggressivem Persönlichkeitsstil eher **passiv**-aggressiv sind oder eher **aktiv**-aggressiv: Diese Moderator-Variable ist der **relative Status** zum Interaktionspartner. Nimmt die Person an, dass der (scheinbar grenzüberschreitende) Interaktionspartner einen relativ höheren Status hat als die Person selbst (und daher potenziell gefährlich ist), dann verwendet die Person passiv-aggressive Strategien. Sie ist offen unterwürfig und sabotiert unterschwellig. Nimmt die Person jedoch an, dass sie den gleichen oder eine höheren Status hat als der Interaktionspartner und der Partner daher als eher ungefährlich eingeschätzt wird, dann kann sie sehr wohl aktiv-aggressiv reagieren. Auch Personen mit passiv-aggressivem Persönlichkeitsstil können sich somit durchaus offen wehren.

■ **Konsequenzen für Mitarbeiter und Chefs**

Ein wichtiger Aspekt einer guten Kommunikation mit Personen mit einem passiv-aggressiven Stil ist **Transparenz**. Es ist hilfreich, wenn man ihnen explizit mitteilt, was man meint und was man nicht meint; wenn man ihnen explizit deutlich macht, was man will und was man nicht will. Je stärker sie den Eindruck haben, dass sie verstehen, was abläuft, desto weniger Spielraum bleibt für Misstrauen!

Transparenz schafft bei Personen mit passiv-aggressivem Stil den Eindruck, dass der Interaktionspartner die Grenzen respektiert und das »gibt Entwarnung«. Wichtig ist es daher, oft explizit zu sagen:

— Ich will ihnen nichts, ich will sie nicht beeinträchtigen.
— Ich will ihre Grenzen wahren.
— Ich will sie nicht einschränken.
— Ich möchte, dass sie mir offen sagen, wenn sie etwas nicht möchten etc.

Oft muss man eine Ja-aber-Strategie verwenden:

— Ja: Ich will sie nicht einschränken.
— Aber: Die Arbeit muss gemacht werden und ich weiß, Sie machen sie gut. Deshalb möchte ich, dass Sie es machen.

Es kann auch hilfreich sein, das Problem offen zu thematisieren:

— Ich könnte mir vorstellen, dass Sie die Aufgabe nicht übernehmen möchten.
— Falls das so ist, möchte ich Sie bitten, mir das sofort offen zu sagen und nicht die Aufgabe erst anzunehmen und sie dann nicht zu machen.
— Wenn Sie ein Problem damit haben, sollten wir das sofort klären.

Negativismus

Die Personen haben aufgrund ihrer biografischen Erfahrung oft noch ein anderes Schema: »Ich werde ungerecht behandelt.« Oder: »Ich werde von anderen beeinträchtigt, das ist ungerecht.«. Manchmal hat das auch den Charakter von: »Ich gönne anderen nicht, dass denen alles zufällt.«, und gar: »Ich will mich für das, was mir angetan wurde, rächen.«

Transparenz

Nörgeleien

Diese Schemata sind die Grundlage von Nörgeleien und Abwertungen: Man ist mit seinem Schicksal unzufrieden, und man macht das auch ständig deutlich: Durch negative Aussagen, Abwertungen, äußern von Unzufriedenheit u. Ä. Eine Person mit einem passiv-aggressiven Stil missgönnt anderen oft den Erfolg und ein »leichtes Leben«, infolgedessen nörgelt sie besonders stark an solchen Personen herum. Sie verbreitet dadurch eine »Aura« von Unzufriedenheit um sich.

■ **Konsequenzen für Mitarbeiter und Chefs**

Auch hier helfen Transparenz und offenes Ansprechen:
— Ich habe den Eindruck, dass Sie die Aufgabe als ungerecht erleben: Wenn das so sein sollte, wäre es gut, wenn wir das offen besprechen könnten.
— Sie machen auf mich den Eindruck, dass Sie sehr unzufrieden sind: Falls das so ist, wäre es gut, wir könnten das klären.

Wenn man solche Angebote macht, sollte es einem klar sein, dass die Person mit passiv-aggressivem Stil sie sehr wahrscheinlich nicht beim ersten Mal annehmen kann. Also muss man sie **mehrmals** machen und man sollte sie auch nur machen, wenn man sie ernst meint.

9.3.3 Normative Schemata

Typische normative Schemata

Wesentliche normative Schemata von Personen mit passiv-aggressivem Stil sind:
— Schütze deine Grenzen!
— Lass überhaupt keine Grenzverletzung zu!
— Lass niemanden auf dein Territorium, es sei denn, dieser kann als »sicher« gelten!
— Gib möglichst nichts von dir preis!
— Verteidige deine Grenzen nicht offen!
— Verteidige deine Grenzen so, dass du dafür nicht verantwortlich gemacht werden kannst!
— Vermeide offene Konfrontationen!
— Vermeide Kritik und Abwertung!
— Vermeide es, kontrolliert und eingeschränkt zu werden!
— Lass dir nicht reinreden!

Diese Normen stellen in sehr hohem Maße Vermeidungsziele dar, deshalb ist die Aufmerksamkeit von Personen mit einem passiv-aggressiven Stil besonders auf solche **Vermeidungen** konzentriert.

Dies ist der Grund, warum der Stil auch »negativistisch« genannt wird: Die Personen sind darauf konzentriert, was **nicht** klappt, was schief geht und nicht darauf, was gut klappt und erfolgreich ist! Deshalb geben sie auch nur relativ selten positive Statements von sich, sondern »nörgeln« eher (was sie für Interaktionspartner keineswegs attraktiver macht!).

■ **Konsequenzen für Mitarbeiter und Chefs**

Es ist wichtig, immer wieder zu signalisieren,

Wichtige Beziehungssignale

- dass man der Person nicht schaden will;
- dass man ihr ein Angebot macht, über alles zu reden;
- dass man sie ermuntert, sich **offen** zu beklagen und **offen** zu kritisieren, denn dann kann man sich über Probleme auseinandersetzen;
- dass man die Person schätzt, dass man ihre Qualitäten schätzt und anerkennt;
- dass man versuchen will, sie zu verstehen;
- dass man besser verstehen und sich besser auseinandersetzen kann, wenn die Person offen äußert, was sie stört oder was sie befürchtet.

9.3.4 Regel-Schemata

Personen mit passiv-aggressivem Stil weisen starke Regel-Schemata auf, z. B.:

Typische Regel-Schemata

- Ich erwarte, dass andere meine Grenzen akzeptieren!
- Ich erwarte, dass andere meine Grenzen nicht überschreiten!
- Ich erwarte, dass andere mich nicht einschränken oder kontrollieren!

Personen mit einem passiv-aggressiven Stil weisen bei den Regel-Schemata auch die Annahme auf, dass sie Regel-Verletzer für die Regel-Überschreitung strafen dürfen. Ob sie allerdings dabei **offen** aggressiv reagieren, hängt, wie schon in ▶ Abschn. 9.3.2 beschrieben, von einer Moderator-Variablen ab: dem eingeschätzten Bedrohungspotenzial des Regel-Verletzers. Wird dieser als »gefährlich« eingestuft, reagieren Personen mit passiv-aggressivem Stil »passiv« aggressiv; wird der Regel-Verletzer jedoch als wenig gefährlich eingestuft, dann können sie durchaus **offen aggressiv** reagieren: Daher sollte Interaktionspartnern immer klar sein, dass auch passiv-aggressive Personen unter bestimmten Bedingungen durchaus **offen** aggressiv handeln können!

■   **Konsequenzen für Mitarbeiter und Chefs**

Man muss den Personen mit passiv-aggressivem Stil aber auch unmissverständlich deutlich machen, dass man ihre Sabotage-Strategien **nicht** tolerieren wird: Wenn die Person eine Aufgabe übernimmt, dann soll sie sie auch ausführen! Wenn sie es nicht will, dann soll sie dies klar äußern. Dann wird sie **nicht** bestraft und man setzt sich mit ihr auseinander. Sabotage aber ist grundsätzlich inakzeptabel.

9.4   Manipulation

Personen mit passiv-aggressivem Persönlichkeitsstil sind hoch manipulativ; dabei halten sie andere auf Distanz. Durch die manipulativen Strategien schützen sie ihre Grenzen, ihre Autonomie, ja, in gewisser Weise sogar ihre Identität. Denn ihre Angst kann soweit ausgeweitet sein, dass Grenzverletzungen und Autonomie-Einschränkungen zu einer Beeinträchtigung der eigenen Identität führen könnten.

Manipulative Strategien

Manipulativ sind Personen aber vor allem dadurch, dass sie »Sabotagen« so auszuführen, dass sie dafür nicht verantwortlich gemacht werden können. Hier kann es durchaus sein, dass sie Storys »erfinden« und Ausreden benutzen, die schlicht in keiner Weise stimmen. Daher muss man damit rechnen, dass Personen mit einem passiv-aggressiven Stil »die Wahrheit leicht bis stark beugen«.

Die meisten Personen mit passiv-aggressivem Persönlichkeitsstil haben zumindest eine Ahnung davon, dass sie auf diese Weise manipulativ sind; vielen sind diese Strategien sogar ganz bewusst. Einige sind sich auch über die Kosten im Klaren, dennoch ist ihnen ihre Grenzverteidigung so wichtig, dass sie die Strategien trotz der Kosten beibehalten.

Ein Selbstbild, das solche Personen pflegen, ist: »Ich bin kooperativ«, und: »Auf mich kann man sich verlassen«. Oder auch: »Mit mir muss man sich nicht streiten« und: »Mit mir kann man über alles reden«.

Interaktionspartner brauchen jedoch in der Regel nicht sonderlich lange, um zu erkennen, dass die Personen diese Images nicht einlösen: Sie sehen schnell, dass man sich auf die Person keineswegs verlassen kann, dass sie keineswegs zu dem stehen, was sie versprechen, und dass man keineswegs mit ihnen über die bestehenden Probleme reden kann. Das heißt: Die Images »platzen« relativ schnell.

Appelle

Appelle senden die Personen mit passiv-aggressivem Persön-
lichkeitsstil eher indirekt durch ihr Verhalten, z. B.:
- Halte Distanz!
- Halte dich aus meinen Angelegenheiten heraus!
- Gib mir keine Anweisungen!
- Lass mich in Ruhe!
- Respektiere mich!

Interaktionsspiele

Bevorzugte Interaktionsspiele sind:
- **Armes Schwein**: Man stellt sich selbst als schwach, hilflos,
  bedürftig dar.
- **Heroisches armes Schwein**: Man ist schwach, krank, arm
  dran, aber man hat in geradezu heroischer Weise dagegen
  angekämpft.
- **Immer ich**: Man ist stark beeinträchtigt worden und ist immer noch ständig durch andere beeinträchtigt. Man zieht im
  Leben ständig den Kürzeren und daher kann man sich laut-
  hals beklagen.
- **Opfer der Umstände und/oder anderer Personen**: Man wird
  von anderen Personen oder von den Umständen beeinträchtigt, ungerecht behandelt, ausgetrickst usw.
- **Märtyrer**: Aber trotz aller Widrigkeiten, Verfolgungen und
  Beeinträchtigungen hat man sich tapfer geschlagen, durch-
  gekämpft. Man hat für seine Überzeugungen gelitten und ist
  standhaft geblieben.

Alle diese Spiele
- klagen andere oder das Schicksal an: Andere sind schuld,
  ungerecht usw., geben also reichlich Gelegenheit, ausgiebig zu
  nörgeln.
- fordern andere auf, Verantwortung zu übernehmen, sich zu
  sorgen und zu kümmern.
- fordern aber z. T. andere auch auf, die Person zu bewundern
  und zu loben.

Man wird Kritik und Unzufriedenheit los, bekommt stattdessen
Aufmerksamkeit, Zuwendung, Anerkennung, kann aber auch mit
Anforderungen in Ruhe gelassen werden, sich also vor »Zumutun-
gen« und »Übergriffen« schützen. Die Spiele sind hoch effektiv, sie
sind allerdings auch hoch manipulativ.

- **Konsequenzen für Mitarbeiter und Chefs**

Spiele transparent machen

Es ist oft notwendig, manipulative Spiele transparent zu machen:
Mit dem nötigen Respekt, aber auch mit der nötigen Klarheit.

Man muss aufdecken,

- was die interaktionellen Ziele der Person sind;
- mit welchen intransparenten Strategien sie diese zu erreichen versucht.

Und man muss der Person klarmachen, dass man dieses Spiel nicht mitspielen wird: Man hat Verständnis für die Aktion, man wird ihr aber nicht folgen.

Man folgt dabei der Devise: Der Versuch zu manipulieren, ist nicht strafbar, aber komplett zwecklos! Dabei

- macht man den Versuch und die Strategien deutlich,
- signalisiert dafür Verständnis,
- macht deutlich, dass man solche Strategien nicht durchgehen lässt,
- macht der Person Alternativvorschläge
- oder erarbeitet alternative Vorgehensweisen.

9.5   Nähe, Distanz und Bindung

Personen mit passiv-aggressivem Persönlichkeitsstil halten zu Interaktionspartnern, die ihnen nicht vertraut sind, Distanz: Dies ist eine Art von »Sicherheitsabstand«, denn Personen, die man auf Distanz hält, können die eigenen Grenzen nur schwer überschreiten. Und diese Distanz wird so lange aufrechterhalten, bis die Interaktionspartner bewiesen haben, dass sie die Grenzen **nicht** überschreiten, dass sie die Autonomie der Person **nicht** einengen, dass sie die Person **nicht** abwerten und dass sie Informationen, die sie über die Person erhalten, **nicht** gegen sie verwenden. Hat ein Interaktionspartner das bewiesen, dann wird er näher gelassen, er kann der Person mit passiv-aggressivem Persönlichkeitsstil sogar recht nahe kommen. Die Personen lassen durchaus Nähe zu und sie gehen auch Bindungen ein, oft sogar enge und stabile Beziehungen, aber eben nur mit wenigen »handverlesenen« Interaktionspartnern.

Paranoider Stil

Rainer Sachse, Annelen Collatz

R. Sachse, A. Collatz, *Spaß an der Arbeit trotz Chef*,
DOI 10.1007/978-3-662-46751-0_10, © Springer-Verlag Berlin Heidelberg 2015

Der paranoide Stil ist zentral durch hohes Misstrauen gekennzeichnet: Dieser Stil erzeugt interaktionell, wie wir zeigen werden, noch mehr Probleme als der psychopathische Stil. Es ist äußerst schwierig, bei Personen mit diesem Stil etwas zu verändern.

10.1   Allgemeine Charakteristika

Misstrauen

Das zentrale Charakteristikum des paranoiden Stils ist **Misstrauen**. Die Person geht von der generellen Annahme aus: **Andere wollen mir was.**

Grundannahmen

Aus dieser Grundannahme leiten die Personen dann weitere Annahmen ab:
- Ich muss ständig aufpassen und auf der Hut sein.
- Ich muss ständig vorsichtig sein und darf nicht viel von mir preisgeben, denn alles, was ich sage und tue, kann gegen mich verwendet werden.
- Ich muss schnell und scharf reagieren, damit sich Gefahr erst gar nicht entwickeln kann und damit potenzielle Angreifer von vornherein abgeschreckt werden.

Daher reagieren Personen mit paranoidem Stil auf »scheinbar« harmlose Vorkommnisse schon schnell und stark aggressiv; das »Klauen« einer Kirsche aus dem Garten kann schon zu einem Prozess führen: »Principiis obsta« (Wehret den Anfängen) ist ihre wichtige Devise.

Eine Person mit paranoidem Persönlichkeitsstil vertraut anderen Personen nur schwer und auch nie völlig; sie stellt oft die Loyalität und die guten Absichten anderer infrage: Viele Interaktionspartner können dieses Verhalten schnell als persönliche Beleidigung auffassen. Daher führt das Sozialverhalten von Personen mit paranoidem Stil recht schnell zu hohen Interaktionskosten: Andere wenden sich ab, wollen mit der Person nichts mehr zu tun haben.

Selbstzweifel

Im Grunde genommen halten sich diese Personen selbst **nicht für stark oder kompetent,** denn täten sie das, bräuchten sie auch bei Gefahr nicht ständig im Alarmzustand zu sein: Sie könnten ihrer Fähigkeit, mit Problemen fertig zu werden, vertrauen. Aber genau das tun sie nicht: Sie halten Beziehungen für gefährlich **und** sich selbst für schwach. Daraus resultiert die (scheinbare) Notwendigkeit, misstrauisch und vorsichtig zu sein – und zwar immer und allen gegenüber.

Selbsttäuschung

Und da man sich selbst für defizitär hält, es aber extrem gefährlich ist, defizitär zu sein (da Schwäche sofort gegen einen verwendet wird), darf man selbst die »Erkenntnis«, defizitär zu sein, nicht zulassen. Also entwickeln Personen mit paranoidem Persönlichkeitsstil eine systematische Selbsttäuschung der Art:

- Ich bin o.k.!
- Ich blicke durch!
- Ich sehe die Dinge richtig!
- Meine Interpretationen sind korrekt!
- Ich verhalte mich richtig!
- Das Fehlverhalten liegt immer bei den anderen!

Selbstzweifel sind selbstwertbedrohend und werden daher soweit wie möglich unterbunden: Die Person vermeidet es, ihre Selbstzweifel zur Kenntnis zu nehmen und sie zu reflektieren. Damit nimmt sie sich jedoch die Chance, diese Zweifel systematisch zu bearbeiten und zu erkennen, wie unsinnig sie in den meisten Fällen sind.

Da die Personen Fehler als unakzeptable Schwäche ansehen, neigen sie auch stark dazu, **Verantwortung an andere abzugeben**: Sie spielen daher in hohem Maße die Spiele »Opfer der Umstände und anderer Personen« und »Immer ich«. Dieses Vorgehen macht sie bei Interaktionspartnern, insbesondere bei Arbeitskollegen, nicht beliebt: Andere haben schnell das Gefühl, »Endstation für den schwarzen Peter« zu sein.

Abgabe von Verantwortung

10.2 Beziehungsmotive

Ein zentrales Beziehungsmotiv der Personen mit paranoidem Persönlichkeitsstil ist die **Verteidigung der eigenen Grenzen und des eigenen Territoriums**. Man kann annehmen, dass die Personen massive Grenzverletzungserfahrungen gemacht haben, möglicherweise noch massivere als die Personen mit passiv-aggressivem Persönlichkeitsstil: Bezugspersonen haben kontrolliert, bestraft, abgewertet, unter Umständen sogar geschlagen. Dadurch ist das Motiv zentral wichtig geworden und steht hoch in der Motivhierarchie.

Grenzen und Territorialität

Es gibt ein starkes Bedürfnis danach,

- dass Grenzen von anderen respektiert, geachtet, nicht überschritten werden;
- dass eigene Territorien von anderen als solche beachtet und geachtet werden;
- dass man eigene Territorien definieren kann und dass diese Definitionen nicht infrage gestellt werden.

Autonomie

Ein anderes zentrales Motiv der Personen mit paranoidem Persönlichkeitsstil ist **Autonomie**. Auch bezüglich dieses Motivs kann man annehmen, dass die Personen in ihrer Biografie massive Einschränkungen ihrer Autonomie hinnehmen mussten: Kontrolle, Vorschriften, Für-alles-verantwortlich-gemacht-werden, Einschränkungen der Entscheidungsfreiheit u. ä. Damit steht auch dieses Motiv hoch in der Hierarchie.

Es besteht ein starkes Bedürfnis,

- selbst über eigene Belange und sein Leben zu entscheiden;
- einen eigenen Handlungsspielraum zu haben;
- Dinge tun zu können, ohne kontrolliert, bevormundet, eingeschränkt, reglementiert zu werden.

Grenzüberschreitungen und Autonomie-Einschränkungen waren in früheren Erfahrungen sehr wahrscheinlich mit Abwertungen, Kritik und Ablehnung verbunden. Daher kann man annehmen, dass auch das Bedürfnis nach **Anerkennung** ein zentrales Motiv der Personen mit paranoidem Persönlichkeitsstil ist. Sie möchten

- respektiert werden;
- positiv gesehen werden;
- für kompetent, fähig gehalten werden, insbesondere für kompetent, das eigene Leben selbst gestalten und selbst Entscheidungen treffen zu können.

Solidarität

Ein weiteres starkes Motiv ist **Solidarität**: Das Bedürfnis, dass andere Personen zu einem halten, für einen da sind, unterstützen, helfen, sich kümmern.

10.3 Schemata

10.3.1 Selbst-Schemata

Typische Selbst-Schemata

Das Selbst-Schema der Personen mit paranoidem Persönlichkeitsstil ist eher negativ und enthält Annahmen wie:

- Ich bin ein Versager.
- Ich bin nicht o.k.
- Ich bin nicht respektabel.

Sehr wahrscheinlich enthält das Selbst-Schema auch eine Annahme wie:

- Ich kann meine Grenzen nicht angemessen verteidigen.
- Wenn ich meine Grenzen angemessen verteidigen würde, hätte das keinen Effekt.

Dieses negative Selbst-Schema wird von den Personen jedoch nicht repräsentiert. Vielmehr zeigen sie ein hohes Ausmaß an positivem Selbst-Image: dass sie stark sind, sich nichts gefallen lassen, gefährlich sind usw.

Damit wird jedoch deutlich, dass die »Demonstration der Stärke«, die die Personen pausenlos an den Tag legen, überhaupt nicht auf ein starkes und selbstsicheres Selbst-Schema zurückgeht: Das Ganze ist Show, ist ein aufgeblasener Drache, der andere einschüchtern soll und der verhindern soll, dass man hinter dem Drachen das kleine Würstchen wahrnimmt. Und es dient letztlich auch dazu zu verhindern, dass die Person es selbst wahrnimmt.

Einmal aufgeblasen, kann die Person aber gar nicht mehr auf den Drachen und das Speien von Feuer verzichten, denn dann würden die nun schon stark provozierten Gegner die Person erst recht in Stücke reißen. Also muss der Drache eher immer mehr und mehr aufgeblasen werden: Das Ganze mündet in einen fatalen Teufelskreis, aus dem die Person ohne Hilfe kaum noch entkommen kann.

- **Konsequenzen für Mitarbeiter und Chefs**

Es ist sehr wichtig, die Mitarbeiter zu loben und sie auf Kompetenzen und Fähigkeiten aufmerksam zu machen, sodass sie sehen, dass sie stark sind und dass sie sich durchaus angemessen verteidigen können.

Es ist aber auch wesentlich, deutlich zu machen, dass man ihnen nichts will, dass man solidarisch ist und dass man sie überhaupt nicht angreift.

Ein weiteres wichtiges Thema, das mit der Person thematisiert werden muss, ist das übertriebene Gefühl, Kontrolle zu haben oder zu behalten. Andere fühlen sich dadurch oft gegängelt und in der eigenen Autonomie beschnitten. Hier kann es zu Konflikten kommen.

In einer Konfliktmoderation wurde folgendes Szenario deutlich: Zwischen einem Projektleiter und einem Projektmitarbeiter kam es anfangs zum subtilen und später zu einem offenen Konflikt, der die Realisierung eines Teilprojektes bedrohte.

Der Projektleiter wollte kleinstschrittig über alle Tätigkeiten des Projektmitarbeiters informiert werden und auch ein tägliches Feedback genügte ihm nicht. Der Projektmitarbeiter wehrte sich nicht offen, sondern verdeckt. Die beiden Verhaltensweisen waren jeweils nicht wertschätzend und insofern belastend für den anderen.

Das Aufdecken und Besprechen beider Strategien, die den anderen jeweils triggerte, in der Konfliktmoderation förderte die Deeskalation und die bessere Zusammenarbeit.

Demonstration von Stärke

Beispiel

10.3.2 **Beziehungsschemata**

Typische Beziehungsschemata

Ein zentrales Schema der Personen mit paranoidem Persönlichkeitsstil lautet: »Meine Grenzen werden nicht respektiert.« Es gibt Annahmen wie:

— Jeder überschreitet meine Grenzen.
— Keiner achtet meine Grenzen.
— Jeder trampelt auf mein Territorium herum.

Die Annahmen gehen so weit (oft sowohl aufgrund biografischer Erfahrungen als auch im Zuge der Übergeneralisierung), dass anderen Personen **böswillige Absichten** unterstellt werden:

— Andere wollen meine Grenzen nicht beachten.
— Andere versuchen, mir zu schaden und mich auszunutzen.
— Andere wollen mich schädigen.

Die Person nimmt infolgedessen auch an, dass sie sich in besonderer Weise schützen muss:

— Wenn ich mich nicht verteidige, werde ich ausgenutzt.
— Wenn ich nicht ständig aufpasse, werde ich geschädigt.

Ähnliche Annahmen gibt es auch bezüglich der Autonomie:

— Andere wollen mich bevormunden, einschränken, reglementieren.
— Wenn ich nicht aufpasse und schon ersten Versuchen widerstehe, dann werde ich eingeengt usw.

Bezüglich der Solidarität gibt es Annahmen wie:

— Niemand ist auf meiner Seite.
— Ich kann mich auf niemanden verlassen.
— Niemand wird sich für mich einsetzen, mir helfen, mich unterstützen.

Und deshalb:

— Ich kann mich nur auf mich selbst verlassen.
— Ich muss mich selbst um meine Belange kümmern.

Weitere resultierende Annahmen sind:

— Ich muss immer wachsam sein, aufpassen, um nicht beeinträchtigt zu werden.
— Ich muss immer kampfbereit sein, um Versuche, meine Grenzen zu überschreiten usw., von Anfang an im Keim zu ersticken.

Bezüglich der Anerkennung gibt es Annahmen wie:
- Niemand respektiert mich.
- Niemand nimmt mich ernst.
- Niemand hält mich für stark und kompetent.

Aus diesen Annahmen resultiert ein besonders problematisches Verhalten, basierend auf der Annahme:
- Da mich niemand ernst nimmt, reicht es bei Weitem nicht aus, meine Wünsche nur zu sagen, nur anzumelden.
- Vielmehr muss ich mich, um mich effektiv zu verteidigen, von Anfang an massiv wehren und allen Leuten klarmachen, wie gefährlich es ist, sich mit mir anzulegen.

- **Konsequenzen für die Person**

Daraus resultiert das Handeln, dass die Personen mit paranoidem Persönlichkeitsstil sich nicht angemessen wehren können (also keinen »flexible response« hinbekommen), sondern sich gezwungen sehen, sofort massiv und heftig und damit aus Sicht der Interaktionspartner massiv überzogen zu reagieren. Denn sie glauben, dass alles andere als Schwäche ausgelegt wird und sie sich Schwäche auf keinen Fall leisten können, weil es den potenziellen Gegner ermuntern könnte, noch mehr Schaden anzurichten.

Dass die Personen mit paranoidem Stil damit eine geradezu lehrbuchmäßige **selbsterfüllende Prophezeiung** erzeugen, ist ihnen nicht klar: Natürlich reagieren die meisten Interaktionspartner nach kurzer Zeit wirklich heftig, da sie sich massiv missverstanden, abgelehnt und provoziert fühlen. Die Personen mit paranoidem Persönlichkeitsstil fassen das Verhalten der anderen jedoch als Bestätigung ihrer Schemata auf. Andere sind gefährlich und man **muss** sich massiv wehren.

Selbsterfüllende Prophezeiung

- **Konsequenzen für Mitarbeiter und Chefs**

Wichtig ist hier wieder Transparenz: Man macht deutlich, was man will und was man nicht will. Man macht auch deutlich, dass man **keine** verdeckten Absichten hat, dass man sich bemühen wird, die Grenzen der Person zu wahren, dass man die Person nicht ausnutzen, nicht abwerten etc. will.

Man macht aber auch deutlich, dass die Person sich **sofort** melden soll, wenn ihr etwas missfällt, und dass man dann bereit ist, dies sofort zu klären.

Bei Personen mit einem paranoiden -Stil können manchmal solche Aktionen reichen, um Konflikte beizulegen. Liegt jedoch eine paranoide Störung vor, kann das Misstrauen so groß sein, dass solche Aktionen wirkungslos bleiben. In solchen Fällen muss man ernsthaft überlegen, ob nicht die Gefahr besteht, dass ein Mitarbeiter mit einem solchen Stil die Atmosphäre einer ganzen Abteilung »vergiftet« und ob man mit ihm überhaupt konstruktiv zusammenarbeiten kann.

10.3.3 Normative Schemata

Typische normative Schemata

Die normativen Schemata von Personen mit paranoidem Stil sind sehr ausgeprägt und relativ »streng«. Solche Schemata sind:
- Sei wachsam, aufmerksam, beachte alles!
- Vertraue keinem!
- Denk immer daran, andere können dich beeinträchtigen, hintergehen, benutzen, ausnutzen, schädigen!
- Halte andere auf Distanz!
- Gib so wenig wie möglich von dir preis!
- Lass dir nichts gefallen!
- Wehre dich schon bei Kleinigkeiten, zeige keine Schwäche!
- Wehre dich sofort heftig, lass nicht zu, dass andere die Oberhand gewinnen!

■ Konsequenzen für die Person

Diese Schemata führen zu einem hyper-vigilanten Zustand: Die Person ist andauernd in Alarmbereitschaft. Das ist äußerst anstrengend, sie kann nie abschalten, entspannen, sich sicher fühlen. Die Person ist sich oft dieser »Kosten« durchaus bewusst, sie denkt aber, dass es dazu keine Alternative gibt, denn »Abrüstung« wird als eindeutig zu gefährlich wahrgenommen.

■ Konsequenzen für Mitarbeiter und Chefs

Das Verhalten gegenüber Kollegen kann ähnlich sein: Auch sie werden ständig misstrauisch geprüft und »überwacht«. Das kann diese schnell ärgerlich machen, vor allem, wenn sie beispielsweise zu Unrecht beschuldigt werden. Zwar können sie zunächst versuchen, es als Problem der Person zu sehen und es nicht persönlich zu nehmen. Ist das Verhalten der Person aber sehr ausgeprägt, wird das schwer fallen.

Man kann versuchen, mit der Person zu besprechen, wie sie sich alternativ verhalten kann. Dies kostet aber sehr viel Zeit, da sie erst eine gute Vertrauensbasis benötigen, bevor ihre Worte Gehör finden.

10.3.4 Regel-Schemata

Personen mit paranoidem Persönlichkeitsstil weisen auch starke Regel-Schemata auf: Eine Verletzung dieser Schemata löst bei ihnen starke Wut und auch stark aggressives Verhalten aus (es sei denn, es wird durch andere normative Schemata »gedämpft«). Solche Regel-Schemata sind:

- Niemand hat mir zu schaden.
- Keiner hat mich auch nur minimal zu beeinträchtigen.
- Niemand darf mich kontrollieren.
- Niemand hat mich einzuschränken oder zu bevormunden.
- Niemand darf ohne meine Erlaubnis auf mein Territorium.

Typische Regel-Schemata

■ **Konsequenzen für Mitarbeiter und Chefs**

Auch solche Regeln führen dazu, dass Interaktionspartner ärgerlich oder genervt werden. Hier hilft oft, die Regeln transparent zu machen, deutlich zu machen, dass man die Person nicht angreift, dass man sich aber auch nicht determinieren lassen wird.

Eine Frage wie: »Was macht Sie jetzt so wütend?« kann zur Deeskalation und zur Reduzierung der Wut führen. Aber auch hier muss beachtet werden, dass, um eine Frage dieser Art zu stellen, ein ausreichendes Vertrauen vorhanden sein muss und dass ein solches Gespräch auch nur unter vier Augen geführt werden sollte. Auf jeden Fall braucht man Geduld für eine Veränderung.

10.4 Manipulation

Die Strategien der Personen mit paranoidem Persönlichkeitsstil sind in der Regel sehr deutlich: Die interaktionellen Ziele sind klar erkennbar und die Strategien sind kaum verdeckt. Das einzig Manipulative ist, dass die Personen »aufgeblasen« sind, versuchen, stärker, mächtiger, gefährlicher, abschreckender zu erscheinen, als sie tatsächlich sind. Sie vermitteln durchweg das Image: »Ich bin ein wilder Wolf, der sich nicht das Geringste gefallen lässt und der jeden Angreifer in Stücke zerreißt.«

Dieses Image, gut vorgetragen, kann sehr wirksam sein und Angst auslösen, Personen dazu bringen, die Person zu meiden, sich nicht mit ihr anzulegen, klein beizugeben. Entsprechende Appelle sind:

Appelle

- Lass mich in Ruhe!
- Leg dich ja nicht mit mir an!
- Tust du es doch, wirst du den Kürzeren ziehen!

— Komm mir nicht zu nahe!

— Überschreite auf gar keinen Fall meine Grenzen!

Spiele

Gespielt wird vor allem das Spiel »Opfer anderer Personen«, aber auch »Opfer der Umstände« und »Immer ich«. Die Spiele sollen vor allem den Eindruck vermitteln,

— dass die Person zurecht aggressiv handelt;

— dass ihre Annahmen und Interpretationen zutreffend sind;

— dass sie für den Zustand gar nichts kann; dass sie nur defensiv ist, dass sie rein prophylaktisch handelt.

10.5 Wirkung auf andere

Die Personen wirken auf andere Interaktionspartner nicht nur unnahbar, sondern gefährlich: Als jemand, mit dem »nicht gut Kirschen essen ist«. Damit sind die Personen hochgradig isoliert. Und diese Isolation hat wiederum zur Folge, dass sie nicht in der Lage sind, ihre Konstruktionen und Interpretationen sozial zu validieren. Dadurch »schmoren sie ständig im eigenen Saft«: Ihre Interpretationen werden immer absurder und lösen sich immer mehr von der Realität ab. Dazu schaffen die Personen durch ihr Verhalten tatsächlich negative Effekte: Andere meiden sie, sind ärgerlich und abweisend. Die Personen produzieren damit in sehr hohem Maße selbsterfüllende Prophezeiungen, die ihre Interpretationen und Annahmen weiter bestätigen. Sie sitzen in einem Teufelskreis fest.

10.6 Empfindlichkeit

Empfindlichkeit

Man muss sich darüber im Klaren sein, dass die Existenz von solchen wie den genannten Schemata eine Person gegenüber bestimmten Stimuli sehr empfindlich, ja geradezu allergisch macht. Ein Schema der Art: »Jeder überschreitet meine Grenzen, schädigt mich und engt mich ein« bedeutet somit, dass die Person auf jedes Ereignis bereits heftig reagiert, das sich auch nur andeutungsweise in diese Richtung interpretieren lässt. Somit sind die Personen hyper-sensibel gegenüber potenziellen Schädigungen (jemand hat von einem überhängenden Ast eine Kirsche gepflückt), potenzielle Intrigen (die Person kommt in ein Zimmer und zwei stoppen ihre Unterhaltung), potenzielle Kränkungen (eine Politesse vergibt ein Ticket wegen Falschparken) usw.

Somit reagieren die Personen nicht nur sehr heftig, sie reagieren auch sehr schnell und bei absoluten Kleinigkeiten. Sie machen den Eindruck, ein wandelndes Pulverfass zu sein. Und das macht sie keineswegs umgänglich, charmant oder gar beliebt. Es besteht eine hohe Wahrscheinlichkeit, dass sie als »großes Miststück« betrachtet werden, mit dem keiner etwas zu tun haben will. Man sollte sich aber klarmachen, dass es keineswegs die Intention der Personen ist, als Miststück zu erscheinen; es ist vielmehr der Kostenfaktor, der sich ergibt, weil die Personen den Eindruck haben, keine andere Wahl zu haben, als sich so zu verhalten.

10.7 Nähe, Distanz und Bindung

Mit diesen Annahmen kann die Person kaum eine Person nah an sich heranlassen. Denn nähert sich ein Interaktionspartner der Person, so kann das leicht Interpretationen der Art auslösen: »Die schleimt sich ein, die will mich einseifen. Und wenn sie nah genug ist, dann kommt die Keule.« Daher werden wohl nur Personen in die Nähe gelassen, die eine ganze Anzahl von Tests erfolgreich bestanden haben. Alle anderen werden auf Distanz gehalten. Und selbst die, die nahe kommen, lösen wohl noch keine Bindung aus: Denn Bindung macht abhängig, schränkt Autonomie ein, öffnet Grenzen, macht verletzlich, öffnet die Möglichkeit von Enttäuschungen. Daher werden Personen mit paranoidem Persönlichkeitsstil mit Bindung massive Schwierigkeiten haben: Partnerschaften sind eher unverbindlich, offen, kündbar; die eigene Autonomie muss gewährleistet bleiben.

Distanz

- **Konsequenzen für Mitarbeiter und Chefs**
Der Umgang mit Personen mit paranoidem Persönlichkeitsstil ist schwierig. Muss man aus beruflichen Gründen mit ihnen interagieren, ist es zunächst einmal wichtig, ihre Struktur zu verstehen und sich dann klar zu machen, dass die Personen sich den paranoiden Stil nicht ausgesucht haben, sondern ihn aufgrund ihrer Biografie entwickeln müssen und dass sie ihr Handeln nicht absichtlich realisieren.

Besonders tun sie es nicht, um andere zu ärgern – sie tun es im Wesentlichen aus Befürchtungen heraus. Das kann einem helfen, nicht ärgerlich zu reagieren, sondern Empathie zu zeigen.

Es ist wichtig, der Person viel und konsistent (und authentisch!) Anerkennung zu geben. Man sollte auch immer wieder deutlich machen,

Beziehungsbotschaften

- dass man sie respektiert,

- dass man sie wertschätzt,
- dass man ihre Meinung zu schätzen weiß,
- dass man sie nicht bevormunden und nicht belehren will.

Wichtig ist vor allem, immer wieder deutlich zu machen,
- dass man ihr nichts will,
- dass man alles, was man will, auch erläutern kann, offenlegen kann,
- dass nichts »hintenherum« läuft, nichts »gegen sie im Gange ist«.

Daher ist es wichtig, auch Kritik offen zu äußern, denn tut man das nicht, schöpft die Person schnell Verdacht:
- Man sagt offen, was man erwartet;
- Man äußert offen, was man nicht gut findet – allerdings eingebettet in Respekt und Anerkennung;
- Man äußert auch Kritik – aber konstruktiv, nicht abwertend.

Die Person muss den Eindruck gewinnen, dass man auch in konflikthaften Situationen ehrlich ist und ihr nichts vormacht.

10

Praxisbeispiel für Persönlichkeitsstile von Führungskräften

Rainer Sachse, Annelen Collatz

R. Sachse, A. Collatz, *Spaß an der Arbeit trotz Chef*,
DOI 10.1007/978-3-662-46751-0_11, © Springer-Verlag Berlin Heidelberg 2015

Das folgende Beispiel soll anhand eines Falls aus der Coaching-Praxis verdeutlichen, wie sich einzelne Schemata und Annahmen in der Realität zeigen und welche Auswirkungen sie auf die Person und das Umfeld haben.

Frau S. wandte sich aus einer persönlichen Motivation heraus an mich, da Sie hintereinander relativ zeitnah zwei Jobs verloren hatte, bei denen sie jeweils eine Schlüsselposition im Unternehmen inne hatte. Trennungsgründe wurden zwar genannt, aber es war zu vermuten, dass ein Muster dahintersteckte, das in ihrer Person begründet lag. Zur Klärung dieser Frage wandte sie sich an mich.

Im Lebenslauf zeigte sich, dass sie aus einem nichtakademischen Elternhaus stammte, selbst einen Hochschulabschluss und eine Promotion vorzuweisen hatte, im B-Kader einer Nationalmannschaft war und heute etwas fachfremd tätig ist.

Aus persönlichen Gründen brach sie den Kontakt mit den Eltern mit Ende zwanzig ab; da der Vater aber pflegebedürftig wurde, besteht der Kontakt seit zwei Jahren wieder.

Da sie beruflich eine Herausforderung suchte, entschied sie sich für ein Großunternehmen in der Industrie. Innerhalb von elf Jahren hatte Frau S. dort sechs hierarchisch aufeinander aufbauende Positionen inne – eine eindeutige Karriere. Um beruflich in hierarchisch noch anspruchsvollere Positionen kommen zu können, schloss sie darüber hinaus noch berufsbegleitend einen MBA ab. Dann folgten die zwei Positionen, bei denen sie direkt an die Unternehmensleitung berichtet hatte, aber jeweils nicht reüssierte.

Hier zeigt sich eindeutig eine hohe Leistungsbereitschaft, eine hohe Motivation sich einzubringen, um beruflich erfolgreich zu sein. Es lassen sich zwei verschiedene Schemata vermuten – das positive und das negative Selbstschema der narzisstischen Persönlichkeit.

Frau S. bekam einen neuen Job, der vergleichbar mit der letzten Position war und entschied sich, in Vorbereitung darauf, einen Coachingprozess zu starten. Der Auftrag lautete dabei, sie ca. 1 Monat vor Übernahme und in den ersten 100 Tagen danach zu begleiten. Sie wollte sicher gehen, dass sie ihrerseits alles beachtet, um dauerhaft in der oder einer anderen Position bleiben zu können. In der Auftragsklärung und der biografischen Analyse stellte sich heraus, dass Frau S. auch Anteile in ihrem Verhalten vermutet, die die Kündigung unbewusst provoziert haben. Diese galt es herauszuarbeiten.

Im ersten Schritt wurden die beiden letzten Arbeitgeber und die Gründe, die dazu geführt haben könnten, dass sie entlassen wurde, aufgegriffen. Die Frustration über die Erfahrungen der beiden letzten Arbeitgeber war deutlich zu spüren und schürte auch die Sorge bei Frau S., gleiche Fehler wieder zu machen. Ein Defizit ihrerseits im Bereich ihrer Sozialkompetenzen kristallisierte sich als Ursache für ihre Entlassung heraus: Sie besaß eine hohe analytische Denkfähigkeit, gepaart mit Durchsetzungsstärke, Selbstbewusstsein und geringem Anschlussmotiv.

Im neuen Job sollte die Zusammenarbeit mit dem Vertriebsleiter bedeutsam für ihren Erfolg sein. Dieser war verantwortlich für eine neue Organisationsstruktur, die er auch im Unternehmen zu implementieren versuchte. Der Vorgänger von Frau S. verließ infolge dieser Umstrukturierung das Unternehmen. Welchen Anteil wer an diesem Ergebnis hatte, war vorerst unklar. Diese Information schürte aber wiederum die Angst von Frau S., die Probezeit nicht zu überstehen und wieder »Opfer« zu werden. Da diese Sorge sehr deutlich wurde, war der erste Schritt, sich mit dem Vertriebsleiter im Coaching näher zu befassen. Leitfragen waren dabei:

1. Was charakterisiert ihn?
2. Welche Persönlichkeitsstruktur lässt er erkennen?
3. Welche komplementäre Beziehungsgestaltung bietet sich hier an, um ihn mit ins Boot zu bekommen und nicht direkt eine Front aufzubauen?

Die Beschreibung des Vertriebsleiters ließ vermuten, dass dieser eine narzisstische Persönlichkeitsstruktur aufwies. Deshalb war meine Empfehlung, den Vertriebsleiter früh in Entscheidungen mit einzubeziehen, was nicht grundsätzlich eine Intention von Frau S. darstellte, da sie ein hohes Autonomiebestreben hatte. Gleichzeitig galt es aufzupassen, dass der Vertriebsleiter bei ihr keine Grenzen überschritt. Es stand zu vermuten, dass er ein hohes Machtbedürfnis hatte und deshalb andere gern einschränkte, sofern sie seine Grenze nicht beachteten. Das Einbinden des Vertriebsleiters in Entscheidungen hatte außerdem den Effekt, dass Frau S. im damit zeigte, dass sie mit ihm an einem Strang zog. Das reduzierte die Wahrscheinlichkeit eines Konflikts und damit die Gefahr, dass sie in der Probezeit wieder gekündigt würde.

Das hohe Autonomiestreben von Frau S. und die sehr sensible Reaktion ihrerseits auf Kritik, die sie sehr schnell als Angriff auf ihre Person interpretierte, verstärkte die Annahme, dass auch sie einen narzisstischen Persönlichkeitsstil aufwies. Zwei erfolgreiche Narzissten in der Interaktion stellen aber durchaus eine Herausforderung dar, da sie sich gern gegenseitig triggern.

Als ein gänzlich neuer Aspekt wurde deutlich, dass der Vertriebsleiter und der Geschäftsführer, ein Mann, der schon lange im Unternehmen war, völlig zerstritten waren.

Während der Besprechung zum Umgang mit der Situation zeigte sich eine Parallele im Leben von Frau S. Zwischen ihren Eltern gab es viel Streit und wechselnde Stimmungen seitens der Mutter. Alte Gefühle und Gedanken wurden daher durch die Unstimmigkeiten zwischen beiden Firmenlenkern getriggert.

Frau S. hatte das Gefühl, sich selbst nicht schützen zu können und Situationen komplett hilflos ausgeliefert zu sein. Daher wollte sie nicht abhängig sein.

Die Vertiefung der Thematik ergab, dass die Mutter von Frau S. alkoholkrank war, sie dies aber erst mit ca. 17 Jahren realisierte. In diese Zeit fiel auch ein Selbstmordversuch der Mutter, wobei Frau S. ihre Mutter gefunden hat. Ein Gefühl von Verlorenheit stellte sich bei Frau S. während des Gesprächs ein. Annahmen wie:

- »Ich bin es nicht wert, dass meine Mutter unseretwegen am Leben bleibt.«
- »Ich spiele keine Rolle im Leben meiner Mutter.«
- »Ich bin für das Leben meiner Mutter verantwortlich.«
- »Ich muss Situationen vermeiden, in denen ich abgelehnt werde.« (Deshalb ließ sie kaum Menschen emotional wirklich an sich heran – auch nicht ihren Partner, mit dem sie seit vielen Jahren zusammen war.)
- »Ich kann mich auf andere nicht verlassen.«
- »In schwierigen Situationen bin ich auf mich allein gestellt.«

Durch diese Klärung kamen die Emotionen von Traurigkeit, Leere und Nutzlosigkeit zum Vorschein und auch, dass Frau S. depressive Tendenzen kannte.

Durch die Klärung dieser Hintergründe war das Schema »Autonomiestreben« nun mehr an der Oberfläche, konnte dadurch auch leichter getriggert werden und war aufgrund des Konfliktes zwischen den Vorgesetzten aktiv. Im Zusammenhang mit einer Situation bei einem Kunden, in der Frau S. das Gefühl hatte, bewusst nicht ausreichend informiert worden zu sein, wurde das Schema ebenfalls getriggert. Das Ereignis ärgerte sie sehr und deshalb wurde es für eine weitere Klärung direkt aufgegriffen. Folgende Annahmen konnten herausgearbeitet werden:

- »Ich bin es nicht wert, dass man mich beachtet.«
- »Ich werde nicht gesehen.«
- Und: »Ich bin nichts wert.«

Eine neue berufliche Situation war Ausgangsbasis unseres nächsten Termins: Aus ihrer Abteilung sollten Ressourcen abgezogen werden, um ein Team in einem anderen europäischen Land zu unterstützen. Bei der Entscheidung war sie nicht mit einbezogen worden, obwohl dieser Schritt enorme Konsequenzen für ihre Zielerreichung am Jahresende hatte. Damit war diese zumindest stark gefährdet.

Frau S. fühlte sich auf die Seite gestellt und ausgeschlossen. Grund für das Verhalten der Kollegen konnte ihre klare analytische Art sein, die es anderen schwer machte, eine Fassade aufrechtzuerhalten und Spielchen zu spielen. Als Reaktion wurde Frau S. an den Rand gedrängt, um anderen nicht gefährlich zu werden. von Frau S. beschrieb, dass ihr Eingreifen von anderen oft wie ein Skalpellschnitt verstanden würde, was sie anstrengend für andere macht.

Frau S. bemerkte beim nächsten Termin stolz, dass sie eine »Nebennierenschwäche« entwickelt habe. Damit bezeichnete sie die Tatsache, dass sie im Verhältnis zu früher keinen Ärger mehr spürte und sie somit im Laufe des Tages sehr viel Energie sparte. Die Thematisierung der Verhaltensweisen ihrer Chefs war aber weiterhin Schwerpunkt in der Sitzung.

Die Entwicklung von Hypothesen hinsichtlich der Persönlichkeitsstruktur ihres Chef stellten zunächst die Basis dar, um ein Verständnisses für sein Verhalten zu entwickeln – nicht im Sinne von Akzeptanz gemeint – und somit eine sinnvolle und zielführende Verhaltensstrategie zu erarbeiten.

Frau S. sollte weiterhin die Strategie verfolgen, sanft klare Grenzen zu setzen. So fühlte sich der Vorgesetzte, der eine stark ausgeprägte narzisstische Persönlichkeitsstruktur aufwies, nicht explizit getriggert und trotzdem erreichte sie ihr Ziel. Er durfte sich nicht mit dem Rücken an die Wand gedrückt fühlen, da sonst eine starke Tendenz zu erwarten gewesen wäre, verbal oder mit Arbeitsaufgaben »zurückzuschlagen« und den Konflikt auf einem Nebenschauplatz auszutragen. Frau S. wäre in ihrer Positionierung zu ihm destabilisiert worden und ihre alten Ängste wären wieder stärker zum Tragen gekommen.

Auch innerhalb des Unternehmens stärkte Frau S. ihre Positionierung. Der Geschäftsführer, der nicht für ihren Bereich zuständig war, wollte, dass die Verantwortung für Auslandsprojekte in ihren Zuständigkeitsbereich verlegt wurde. Er erkannte also ihre Fähigkeiten und förderte sie. Ein wichtiger Meilenstein in Bezug auf Sicherheit und Anerkennung war erreicht.

Frau S. kam aufgewühlt in die nächste Coachingsitzung. Sie hätte seit Tagen nicht richtig geschlafen und eine starke Traurigkeit hätte sich in ihr breit gemacht. Diese aktuelle Situation wurde sofort aufgegriffen und zum Thema gemacht.

Sie fühlte sich mit der Jobausrichtung in der Falle – sie wollte inhaltlich eigentlich etwas anderes machen –, sah keinen Ausweg und fühlte sich gefangen. Darüber hinaus erlebte sie ein Gefühl von Ohnmacht und des Sich-nicht-wehren-Könnens. Sie hatte den Eindruck, nichts ausrichten und das weitere Vorgehen nicht beeinflussen zu können:

- »Ich stecke in der Falle.«
- »Ich werde geopfert – für die anderen«.
- »Ich gehöre zu keinem dazu.«
- »Ich bin allein.«
- »Ich bin ausgegrenzt, nicht angenommen.«
- »Ich bin nicht liebenswert.«
- »Ich bin nicht o.k.«

Hierbei tauchte ein Gefühl auf von »andere finden mich komisch.« Und: »An mir ist was nicht richtig.« Sie beschrieb dieses Gefühl mit dem Bild, dass eben in eine »Spatzengruppe kein Rotkelchen passt«. Sie kannte dieses Gefühl aus der Kita und aus Grundschulzeiten. »Wenn ich meine Meinung sage, dann werde ich bestraft.« Das Gefühl, das Spiel verloren zu haben, tauchte auf und löste die Traurigkeit aus. Diese Situation wurde bearbeitet durch Herausarbeiten von Aspekten, die im Unternehmen und in ihrer Abteilung gut liefen. Dies gab ihr wieder Zuversicht und veränderte ihre Perspektive.

Frau S. erschien diesmal in einer besseren Stimmung. Der Kontakt zum Geschäftsführer hatte sich intensiviert. Im Vorfeld wurde in einer der Sitzungen seine Persönlichkeitsstruktur durch uns herausgearbeitet und damit »Do's« und »Don'ts« im Umgang mit ihm. Das Ziel für Frau S. blieb weiterhin zu lernen, personenadäquat mit dem Gegenüber in Kontakt zu treten und gleichzeitig die Achillesfersen des anderen im Blick zu behalten. Diese zu triggern, hätte nur unnötig Konflikte heraufbeschworen, die nicht notwendig waren. Die Konflikte sollten bei den wirklich relevanten Themen auftreten und der Beziehungskredit nicht schon im Vorfeld verspielt sein.

Der Kontakt zu ihren direkten Vorgesetzten erreichte nun die Ebene des subtilen Wehrens seinerseits. Ihr Chef schien direkten Auseinandersetzungen mit ihr mittlerweile aus dem Weg zu gehen und hatte dafür in der jährlichen Jahresbeurteilung, die im Intranet freigeschaltet wurde, den Bewertungspunkt »hat ihr Ziel erreicht« gewählt – was einer mittleren Bewertung entsprach. Damit konnte sie den Jahresbonus für eine Zielübererreichung nicht erhalten. Es stellte sich hier für den Coach die Frage, ob der Chef eine realistische Beschreibung abgegeben hatte oder nicht, um nicht in die Falle der Solidarisierung zu tappen. Es wurde genauer besprochen, wie Frau S. ein zielgerichtetes Gespräch zur Klärung mit ihrem Chef darüber führen konnte – also über die Verhaltensebene und darüber, was sie genau an der Situation ärgerte. Dabei zeigten sich folgende Annahmen:

- »Ich kann mich nicht wehren.« (Das hieß für sie, dass sie sich in die Enge getrieben und ausgenutzt fühlte.)
- »Ich bin wehrlos.«
- »Ich kann mich nicht schützen.«
- »Andere gehen über meine Grenzen.« (Sie meinte damit, dass sie im Leben anderer keine wichtige Rolle spielte und ihre Bedürfnisse nicht relevant waren. Frau S. beschrieb, dass sie von anderen zwar gesehen, aber trotzdem zertreten wurde.
- »Ich muss damit rechnen, dass ich nicht wichtig bin.« (Und wenn es anderen dient, wird sie vernichtet.)
- »Ich bin es nicht wert, dass man mich beachtet.«
- »Ich bin ausgeliefert.« (Und wenn sie ausgeliefert war, konnte sie, wenn sie Pech hatte, getötet werden, da sie anderen egal war. Sie untermalte diese Aussage mit dem Bild, dass sie sich wie eine Ameise fühlte, die sich bemühte, einen sicheren Platz zu finden und ein menschlicher Fuß sie einfach zertreten konnte, egal wie sie sich anstrengte.

Diese sehr intensive Auseinandersetzung mit ihren Schemata erzeugte bei Frau S. zunächst das Gefühl, dass sich nichts mehr ändern würde. Dies konnte aber in der Folgezeit widerlegt werden.

Der ihr positiv gesonnene Geschäftsführer gewann an Einfluss innerhalb des Unternehmens und ihr Kontakt gestaltete sich sehr gut. Er bot Frau S., die nicht zu seiner Hierarchie gehörte, sogar an, mit ihr regelmäßig außerhalb des Unternehmens Essen zu gehen, um nicht zusammen gesehen zu werden. Diese auswärtigen Essenstermine dienten dem strategischen Austausch und konnten somit in einer entspannten Atmosphäre stattfinden. Für beide wäre es hinsichtlich ihrer Positionierung im Unternehmen nicht hilfreich gewesen, wenn ihr regelmäßiger Austausch bekannt geworden wäre.

Der direkte Vorgesetzter von Frau S., der Gegenspieler des beschriebenen Geschäftsführers, kam zunehmend unter Druck. Die Auslandprojekte, die in seinem Verantwortungsbereich lagen, liefen nicht gut und enorme Planungslücken beim Aufsetzen des

Projektes traten zutage. Frau S. hatte dies im Vorfeld schon in mehreren Meetings versucht deutlich zu machen, mit dem Effekt, dass sie zu diesen nicht mehr eingeladen worden war, wenn nicht dringend erforderlich. Man versuchte also, sie auf subtile Art und Weise ruhig zu stellen und sich ihrer kritischen inhaltlichen Fragen zu entziehen.

Es wurden im Coaching nun mögliche Optionen besprochen, wie sich die Szenarien entwickeln könnten. Allein die Besprechung von »best und worst case scenarios« ließen am Ende ein realistisches Bild entstehen. Jede Möglichkeit wurde mit Handlungsalternativen ihrerseits reflektiert, sodass Frau S. das Gefühl bekam, jede Situation handhaben zu können und nicht von ihr überrollt zu werden oder ihr gar ohnmächtig gegenüberzustehen.

Durch die Situation wurde ihr Schema noch einmal getriggert, denn sie hatte zunächst die Erfahrung gemacht, wie schon in der Vergangenheit, dass sie etwas außerhalb der Gruppe stand. Doch ihre Abteilung stand nun solide und der Rückhalt, den sie von Mitarbeitern bekam, war stark. Der Kontakt zu Abteilungskollegen hatte sich ebenfalls sehr gut entwickelt, mit Ausnahme zu einer Person, die sich mehr mit dem direkten Vorgesetzten solidarisierte. Von Kollegen auf gleicher Ebene war Frau S. mittlerweile als »Sparingspartner« gefragt und man brachte ihr Wertschätzung für ihr analytisches Denken, aber auch für ihre Sozialkompetenzen entgegen. Hier hatte sich also eine deutliche Änderung in Bezug auf die Ausgangsbasis ergeben.

Kurz nach einem weiteren Coachingtermin hatte ein regelrechtes »Erdbeben« das Unternehmen erschüttert. Eines der Auslandsprojekte war kollabiert. Dadurch traten alle Fehler zu Tage, die ihr Vorgesetzter zu verantworten hatte, da er unter anderem auf die Empfehlungen von Frau S. hinsichtlich der Projektsteuerung nicht gehört und diese nicht ernst genommen hatte. Es war zu dem Zeitpunkt anzunehmen, dass der aufgetretene Schaden noch nicht im vollen Umfang sichtbar geworden war. Der Chef von Frau S. war jedoch entlassen worden.

Gut einen Monat später mailte Frau S. ein Announcement: Sie war befördert worden und übernahm einen großen Teil der Aufgaben ihres ehemaligen Vorgesetzten.

Serviceteil

R. Sachse, A. Collatz, *Spaß an der Arbeit trotz Chef*,
DOI 10.1007/978-3-662-46751-0, © Springer-Verlag Berlin Heidelberg 2015

A Literaturempfehlungen[1]

- **Allgemeines zum Thema »Persönlichkeitsstörungen«**
- Sachse, R. (2010). Persönlichkeitsstörungen verstehen. Bonn: Psychiatrie-Verlag.
- Fiedler, P. (2007). Persönlichkeitsstörungen. Weinheim: Beltz.
- Sachse, R. (2013). Persönlichkeitsstörungen. Göttingen: Hogrefe.
- Lelord, F. & André, C. (2009). Der ganz normale Wahnsinn. Berlin: Aufbau.
- Oldham, J. & Morris, L. (2010). Ihr Persönlichkeitsportrait. Eschborn: Klotz.
- Sachse, R. (2014). Manipulation und Selbsttäuschung. Heidelberg: Springer.

- **Narzisstische Persönlichkeitsstörung**
- Sachse, R., Sachse, M. & Fasbender, J. (2011). Klärungsorientierte Psychotherapie der narzisstischen Persönlichkeitsstörung. Göttingen: Hogrefe.
- Johnson, S. M. (2005). Der narzisstische Persönlichkeitsstil. Bergisch-Gladbach: EHP.
- Sachse, R. (2012). Selbstverliebt – aber richtig. Klett-Cotta.

- **Psychopathische Persönlichkeitsstörung**
- Dutton, K. (2012). Psychopathen. München: Dtv.
- Patrick, C. (2007). Handbook of Psychopathy. New York: Guilford.

- **Histrionische Persönlichkeitsstörung**
- Sachse, R., Fasbender, J., Breil, J. & Sachse, M. (2012). Klärungsorientierte Psychotherapie der histrionischen Persönlichkeitsstörung. Göttingen: Hogrefe.

- Sachse, R. (2007). Wie manipuliere ich meinen Partner – aber richtig. Stuttgart: Klett-Cotta

- **Zwanghafte Persönlichkeitsstörung**
- Sachse, R., Kiszkenow-Bäker, S. & Schirm, S. (2015). Klärungsorientierte Psychotherapie der Zwanghaften Persönlichkeitsstörung. Göttingen: Hogrefe.
- Hoffmann, N. & Hofmann, B. (2010). Zwanghafte Persönlichkeitsstörung und Zwangserkrankung. Berlin: Springer.

- **Dependente Persönlichkeitsstörung**
- Sachse, R., Breil, J., Sachse, M. & Fasbender, J. (2013). Klärungsorientierte Psychotherapie der dependenten Persönlichkeitsstörung. Göttingen: Hogrefe.
- Bornstein, R. (1993). The dependent personality. New York: Guilford.

- **Selbstunsichere Persönlichkeitsstörung**
- Sachse, R., Fasbender, J. & Sachse, M. (2014). Klärungsorientierte Psychotherapie der selbstunsicheren Persönlichkeitsstörung. Göttingen: Hogrefe.

- **Schizoide Persönlichkeitsstörung**
- Sachse, R. (2013). Schizoide Persönlichkeitsstörung. In: R. Sachse, Persönlichkeitsstörungen, 203–213. Göttingen: Hogrefe.

- **Passiv-Aggressive Persönlichkeitsstörung**
- Sachse, R. (2013). Passiv-Aggressive Persönlichkeitsstörung. In: R. Sachse, Persönlichkeitsstörungen, 187–201. Göttingen: Hogrefe.

- **Paranoide Persönlichkeitsstörung**
- Sachse, R. (2013). Paranoide Persönlichkeitsstörung. In: R. Sachse, Persönlichkeitsstörungen, 212–245. Göttingen: Hogrefe

[1] Im Folgenden finden Sie einige Empfehlungen für weiterführende Literatur zum Thema Persönlichkeitsstile/Persönlichkeitsstörungen – es handelt sich dabei nur zum Teil um Ratgeber.

Stichwortverzeichnis

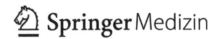

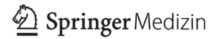

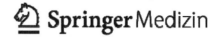

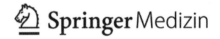

Printing: Ten Brink, Meppel, The Netherlands
Binding: Ten Brink, Meppel, The Netherlands